中国学阅读

典籍

李乡状◎主编

佟强◎编著

该书以介绍传统文化教育为基础，传承百家文化知识，让人们真正了解社会文明进步当中的诸子百家言论，使读者能够在阅读中增加国学知识，提高自身的文学素养。

吉林出版集团有限责任公司

图书在版编目（CIP）数据

中华国学阅读. 典籍：三国志、左传、资治通鉴、史记 / 李乡状主编；佟强编著. -- 长春：吉林出版集团有限责任公司, 2014.4

ISBN 978-7-5534-1492-8

Ⅰ. ①中… Ⅱ. ①李… ②佟… Ⅲ. ①国学 – 青少年读物 Ⅳ. ①Z126-49

中国版本图书馆 CIP 数据核字(2014)第 060394 号

中华国学阅读
典籍

出　版　人：吴文阁
责任编辑：陈佩雄　王枫　张晓鹭
封面设计：大华文苑
出　　　版：吉林出版集团有限责任公司
发　　　行：吉林北方卡通漫画有限责任公司
　　　　　　吉林音像出版社有限责任公司
地　　　址：吉林省长春市绿园区泰来街 1825 号（邮编130062）
印　　　刷：三河市杨庄镇明华印刷厂
开　　　本：16
字　　　数：100 千字
印　　　张：10
印　　　数：1–5000 册
版　　　次：2014 年 4 月第 1 版
印　　　次：2014 年 4 月第 1 次印刷
书　　　号：ISBN 978-7-5534-1492-8
定　　　价：24.80 元

如有印刷质量问题，请与印刷厂联系调换。电话：(0431)86012919

前 言

　　中华文明,源远流长,绵延至今的悠久历史积淀了雄厚的文化底蕴,流传下来影响深远、传承至今的经典著作。从古老的甲骨刻字,到后来的竹简绢帛记事,再到后来的蔡侯纸的发明,无论是古老的传说、三皇五帝还是到史实可考的史籍著作,都通过种种方法被人们记录下来,并且流传开来,构成了我们研究历史的依据和凭证。

　　我们研究历史,考证历史,大多是通过这些流传下来的史学典籍得以实现的。除了研究历史以外,史学典籍还有一个更为重要的意义,那就是从中汲取的历史经验教训。

　　"以史为鉴可以正衣冠"、"忘记历史就等于背叛",无数的警示名言说明了一个道理,历史对人的思想、行为等都会起到一定的作用,一个人如果连历史都不懂,即使学富五车、才高八斗,也不会有睿智的思想。为了帮助广大的读者更好地了解和认知历史,我们特意编撰此书,节选了《三国志》、《资治通鉴》、《左传》、《史记》、《吕氏春秋》史学典籍中的一些经典篇章来深入讲解。

目录

典籍

目录

典籍

中华国学阅读

第一章

《三国志》

第一节《三国志》简介及作者、注者介绍

一、《三国志》以及作者简介

　　三国，是中国历史上一个非常特殊的时期，既是中国社会动荡不安，百姓流离失所的时期，又是一个群雄辈出、争霸天下的时代。但是，对于三国这个特殊的历史时期，我们对它的了解大多是通过《三国演义》这本经典的古典小说来获得的。《三国演义》这本书对于中国人有着极其深刻的影响，上至垂暮之年的老人，下至刚入蒙学的孩童，他们对《三国演义》都能了解一二。而《三国演义》中的一些经典篇章，如关羽千里走单骑、三英战吕布、赤壁之战等，更是人们耳熟能详的章节，还有许多章节成为京剧、豫剧等戏剧表演的素材来源。

但是,我们似乎忽略了一件事情,那就是《三国演义》并不是正史,它只是明朝罗贯中以三国时期大的历史框架和人物为背景,在编辑整理的基础上,创作的一部演义小说而已,既然是演义小说,那么我们便不能当成正史来看待。

要想研究三国时期的断代史,考证三国时期历史事件和人物,我们还得从正史出发。而研究三国时期的正史,首推的便是西晋时期陈寿编写的《三国志》,后经过宋朝裴松之进行作注之后,《三国志》遂成为研究三国时期最主要的正史,供后人进行研究和参考。

陈寿出生于三国时期。蜀国灭亡时陈寿31岁,对当时的时局背景已经有了深层次的认知,结合自己的亲身经历、耳闻目睹,能够很是真切地表述自己所处的三国时期的景象,所以他所编写的《三国志》基本上是可信的。但因为他编写的时代近,有许多史料还没有披露出来,再加上他在朝中遭到排挤,恩怨纠葛不断,褒贬很难公允,也给材料的选用和修史带来了一定的困难。

与故事跌宕起伏、惊心动魄的《三国演义》相比较,《三国志》总体来说记事比较简略,并没有太多的小说和演义中的渲染色彩夹杂其中,这是当时陈寿所处的时代背景所决定的。

陈寿的《三国志》记载了公元220年到公元280年,也就是从魏文帝黄初元年到晋武帝太康元年这段长达六十年的历史时段,留给后人的是对历史的缅怀与对陈寿的瞻仰之情。

《三国志》一书计有 65 卷,用大量的文笔记载了魏国和吴国的事情,其中《魏书》30 卷,《吴书》20 卷,而《蜀书》只有 15 卷。

　　《三国志》虽名为"志",但其实无"志",书中包含魏志和蜀、吴两志,只有魏志有本纪、列传,其他两志均只有列传。陈寿是晋朝臣子,而晋朝又是在魏朝基础之上建立的,因而,他撰写的《三国志》是以"魏"为正统,运用大量的篇幅描写三国时期的风云变幻,而《三国演义》则是以蜀国的兴衰为主线,凸显三国鼎立的格局变动,这也是两者截然不同的地方。

　　《三国志》中为"三曹"即曹操、曹丕、曹睿写了纪,而《蜀书》中则为刘备、刘禅撰写了先、后主传,为吴国孙权以及后代撰写了吴主传和三嗣主传,均只有传而没有纪。

　　从陈寿的《三国志》中,体现了三国鼎立时期,魏、蜀、吴三国各自为政,互不统属的局势,正是基于此点原因,陈寿并没有把三国互相牵连,而是各自成书,如实地记录了三国统治的社会。《三国志》中有纪和传之分,但从记事的方法上来看,其中的《先主传》和《吴主传》跟本纪并无差异,只是不称之纪而已。之所以如此地划分,也是符合当时的实际情况的。

　　《三国志》以简明的叙事,深省的语言得到人们的赞许,而此书在当时也引起了人们的广泛关注,西晋文学家夏侯湛在看过《三国志》之后,认为三国时期的局势已经被陈寿编写的很详尽,没有什么需要补充的地方,因此放弃了自己要编写的《魏书》。而对于后人,独有陈寿的《三国志》能够入得他们的眼,让他们真切地感受三国时期的风云变动,对它推崇备至,更让它与《史记》、《汉书》等名著相媲美。

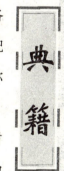

南朝人刘勰在《文心雕龙·史传》篇中讲："魏代三雄，记传互出，《阳秋》、《魏略》之属，《江表》、《吴录》之类，或激抗难征，或疏阔寡要。唯陈寿《三国志》，文质辨洽，荀（勖）、张（华）比之（司马）迁、（班）固，非妄誉也。"

这是对陈寿编著的《三国志》最为恰当的评述，在刘勰看来，唯有陈寿能够用质感的语言体现当时的时局，无论是从文笔还是内容上，都达到了统一，这与同类史书的立论偏激、文笔疏阔形成了极大的反差。

在《三国志》中，《魏书》和《吴书》占的比例较多，而《蜀书》仅15卷，在叙事和描写方面也相对其他两书简略，这主要是与当时现存的蜀国史料很少有关。因为当时魏、吴两国都有相关的史官记录下了历史，这些材料极大地方便了陈寿的搜集。而蜀国当时既没有史官，也没有相关的史书进行借鉴和参考，使得他搜集资料的过程变得异常困难。他不得不花费很大的气力，甚至从一些零散的残章断句中搜集素材，因此整部《三国志》中《蜀书》部分很少，许多人物和事迹都只进行了简单的记载和介绍，而不像《三国演义》中那样，将蜀国的人物刻画地活灵活现，入木三分。

陈寿将三国中的人物按其性格，处事方法以及才略等归结为了不同形象，猎艳了从君主、贤臣、谋士、将领一干人等的特色。在他看来，刘备之贤德，能以英雄论之，曹操虽奸佞，但却不失帝

王之作为,堪称超世之英杰,孙策、孙权乃属英杰之流。三国之所以被后人津津乐道,其很大程度是因有诸葛亮、周瑜之辈,他们在动荡的时局中用自己的智慧谱写了传奇,堪称奇人,用无数美好的词汇形容他们的足智多谋,真是羡煞后人。而关羽、张飞、张辽、乐进等人也点缀其中,虎将良臣搅动着三国的战场,成就了一代君王,这些都和当时的社会风气是分不开的。

从《三国志》行文中流露出的并非是嘈杂,反而是简明干净,仅以只言片语便可塑造人物的特性。在《先主传》中记载的曹操煮酒论英雄中,当曹操说出:"今天下英雄,唯使君与操耳。本初之徒不足数也"之时,"先主方食,失匕箸"的记载,足见刘备的韬晦。

在《周瑜鲁肃吕蒙传》中,当刘备占据荆州的消息传至曹操耳中时,一句"方作书,落笔于地"可看出曹操已对刘备有所顾忌,而暗潮涌动的时局也在发生着变化。书中并没有用大量的笔墨渲染鲜明人物的特点,但展现在我们面前的却是栩栩如生的人物。

正是因为陈寿严谨、客观的编写,使得《三国志》得到了后世研究史学人士的认可,能成为研究中国古代历史的可靠史料,在二十四史中,按时间的记载顺序它与《史记》、《汉书》《后汉书》并称为前四史,视为纪传体名著。

陈寿所著的《三国志》,与前三史一样,也是私人修史。他死后,尚书郎范頵上表说:"陈寿作《三国志》,辞多劝诫,朋乎得失,有益风化,虽文艳不若相如,而质直过之,愿垂采录。"由此可见,《三国志》并没有因编著者的离去而被尘封,在陈寿客观、简明的叙事下,人们对《三国志》给予了很高的评价,在品读之时,更是对作者的文墨颇富赞美之词。而其严谨、翔实的记事

典籍

方法,也为后代的文史工作者留下了宝贵的参考史料。

陈寿收集了大量有关魏、蜀、吴三国的资料,将遗留下来的典籍进行了整理和归纳,因其所处的时代背景、复杂的政治关系等因素,致使在《三国志》中的叙事常用隐讳的言辞,但从字里行间中还是能够体现作者所要表述的思想,以及当时社会存在的弊病。陈寿避开了政治冲突,采用曲折的方式向人们展现了一个真实的历史环境,这是非常难得的。

《三国志》对汉朝和魏朝关系有所隐讳,但措词微而不诬,并于别处透露出来一些真实情况。如建安元年(公元 196)汉献帝迁都许昌,本来是曹操企图挟天子号令天下的不臣之举,毕竟当时汉献帝的存在仍然是被视为汉室正统,而曹操则成为了一个不臣之臣。考虑到当时特殊的历史背景,陈寿在书中并没有用明文写曹操的政治企图是"挟天子,令诸侯",这是他的隐讳写法。但是对于写汉献帝迁都而曹操没有登基称天子时,却说董昭等劝太祖都许,这就是微词了。

另外,从《董昭传》、《荀彧传》和《周瑜鲁肃吕蒙传·评》中都真实地反映出了三国各自为政的真实内幕。在陈寿的描述中可以看出,他对蜀汉虽有故国之情,但并没有因此隐讳统治者的过失,刘备因个人私怨杀害了张裕很好地表现了这一特点。这也正是良史之才所应具备的品质。

二、《三国志》注解作者以及相关简介

《三国志》中记载的人物和事件并不是很详细,有的人物甚至是寥寥几句,让人读起来十分吃力,而且枯燥无味。为了使这一纪传体国别史能易理解,到南北朝时期,宋文帝命裴松之为《三国志》作补注。

对于后来研究历史的人而言,研究三国这一时期的历史主要的参考文献就是以裴松之注解的《三国志》为蓝本。裴松之不仅对《三国志》中的地理、人物、事件进行了注解,同时更主要的一个贡献就是他补充了原书记载中的一些遗漏和纠正了一些错误。

对于《三国志》中的同一件事,裴松之广泛地收集史料,将存在的记述都收录其中,供后人参考。在为《三国志》作补注的同时,裴松之也就历史人物和事件作了评论,对陈寿评论不当之处,也加上了评说之词。

裴松之为了更好地完成对《三国志》的注解,他搜集的三国时期资料多达150多种,博采各家著作的原文,对《三国志》进行了十分详尽的注解,使得注解文字超过了《三国志》原文的三倍,后来有人曾经统计过,裴松之对《三国志》的这些注解,引用了 22 部的经学典籍,142 部的史学典籍,23 部子学典籍,23 部集学典籍,共计引用了 210 部典籍资料。正是因为裴松之的博采众家所长,使得《三国志》中一些没有记载的历史真相得以保存。

裴松之对《三国志》的注解并没有摒古从今,在他的注解中还能看到传统的注释方法,如《四库全书总目提要》中说:"其初意似亦欲如应劭之注《汉书》,考究训诂,引证故实……盖欲为之而未竟,又惜所已成,不欲删弃,故或详或略,或有或无,亦颇为例不纯。"

这一段注解在杨翼骧先生看来是裴松之对《三国志》中所存在文义、名物、地理、典故等若干类事物的例证不足,过于简明的问题提出的看法。他认为做出注解的基本用途在于让读者能够从更加翔实的资料补充当中获得对原始文本内容的了解,这种主观性质较强的注解则基本上没有超出表达个人观点之外的意义,属于可有可无的东西。

裴松之注《三国志》的重点是查漏补阙以及对陈寿的评论给出客观的看法。正如他在《上三国志注表》中所说:"寿所不载,事宜存录者,则罔不毕取以补其阙;或同说一事而辞有乖杂,或出事本异,疑不能判,并皆抄纳,以备异闻;若乃纰缪显然,言不附理,则随违矫正以惩其忘;其时事当否及寿之小失,颇以愚意有所论辩。"

裴松之对《三国志》的补注不仅夯实了史书本身的历史素材,而他大量收集的史学资料也成为了后代史学者考证历史的参考文献,而这些文献在现在来说是极其珍贵的,因为它们大部分并没有被很好地保留下来,这些已经亡佚的文献通过他的收录,记载在他的注解中,所以,他在《三国志》中的注释是此书不可忽视的一部分,应该拿注文当作正文来读。裴注标榜了以后的史书注释之路。

第二节 《三国志》中主要作品阅读赏析

郭嘉传

【经典原貌】

　　郭嘉字奉孝，颍川阳翟人也。初，北见袁绍，谓绍谋臣辛评、郭图曰："夫智者审于量主，故百举百全而功名可立也。袁公徒欲效周公之下士，而未知用人之机。多端寡要，好谋无决，欲与共济天下大难，定霸王之业，难矣！"

　　於是遂去之。先是时，颍川戏志才，筹画士也，太祖甚器之。早卒。

　　太祖与荀彧书曰："自志才亡后，莫可与计事者。汝、颍固多奇士，谁可以继之？"

　　彧荐嘉。召见，论天下事。太祖曰："使孤成大业者，必此人也。"嘉出，亦喜曰："真吾主也。"表为司空军祭酒。

　　……

　　嘉深通有算略，达於事情。太祖曰："唯奉孝为能知孤意。"年三十八，自柳城还，疾笃，太祖问疾者交错。

　　及薨，临其丧，哀甚，谓荀攸等曰："诸君年皆孤辈也，唯奉孝最少。天下事竟，欲以后事属之，而中年夭折，命也夫！"

　　乃表曰："军祭酒郭嘉，自从征伐，十有一年。每有大议，临敌制变。臣策未决，嘉辄成之。平定天下，谋功为高。不幸短命，事业未终。追思嘉勋，实不可忘。可增邑八百户,并前千户。"

——节选自《三国志·魏书十四·程郭董刘蒋刘传第十四》

【注析品读】

①:傅子曰:嘉少有远量。汉末天下将乱。自弱冠匿名迹,密交结英隽,不与俗接,故时人多莫知,惟识达者奇之。年二十七,辟司徒府。

裴松之注:

《傅子》中这样记载:"郭嘉年少时就很有远见。东汉末年,天下大乱。郭嘉自从行冠(成年)之后,便隐匿于名山古迹之间,与很多俊杰英才交往甚密,与世俗中人交往很少,因此当时很少有人知道世上还有这样一位少年英才,只有那些与他认识的人才知道有这样一个人。二十七岁时,进入司徒府任职。"

郭嘉字奉孝,颍川阳翟人士。

郭嘉刚开始出山准备投靠明主的时候,袁绍是实力最为雄厚的霸主。郭嘉来到北地拜见袁绍,并且成为了袁绍麾下的一员。但是,没过多久,当他仔细观察过袁绍的为人以及部下、部众之后,他对袁绍的谋臣辛评、郭图说:"有智慧和才能的人都会仔细审量自己所要投靠的主公,只有相得益彰的谋士和明主才能百战百胜,成就一番事业。袁绍想要效仿当年周公一样,招揽有志之士,虽然他做得很成功,你们都成为他麾下的一员,但是他却并不懂得知人善用。而且袁绍性格多变、优柔寡断,许多好的计谋他都无法做出决断,与他一起共事,解救天下黎民百姓,成就一番霸业是十分困难的!"

说完之后,郭嘉便离开北地,回到了颍川。

当时，颖川还出了另外一位杰出的英才，名叫戏志才，他非常善于出谋划策，后来被曹操收入麾下，成为曹操手下的一名谋士，曹操对他很看重，可惜的是天妒英才，他去世的很早。失去了一名主要谋士，曹操的许多事情都无法展开，曹操便写书信给荀彧，向他询问道："自从戏志才死后，我便失去了一个共同商量事情的人。颖川等有很多有才之士，就你看来，谁能够接替戏志才的位置？"

荀彧向曹操推荐了郭嘉，认为他能够接替戏志才的位置。曹操便召见郭嘉，与他一起谈论天下大事，从而观察这个人是否具有真才实学。通过与郭嘉的一番交谈，曹操认为郭嘉的确可以胜任戏志才原来的位置，便说："孤的宏图大业有郭嘉的辅助，定能实现。"曹操在考量郭嘉的同时，郭嘉也在考量曹操的为人，通过彼此之间的交谈，郭嘉对曹操的为人有了进一步的了解，认为他是一个可以投靠的明主，他高兴地说道："你就是我要效力的明主。"于是，郭嘉在曹操的麾下担任了一名军师祭酒，在曹操征战四方时殚精竭虑。

……

郭嘉除了精通谋略以外，也很擅长观察其他人的言行，从而理解他人所要表达的意思。曹操说："只有郭嘉才能真正明白我的意图啊！"

郭嘉三十八岁那年，当他从柳城返回后，便染上了重病，曹操虽然请了不少名医，但是郭嘉最终还是英年早逝，曹操十分哀痛。曹操对荀攸等人说："你们的年岁都要比我大很多，唯有郭嘉年龄最小。我本来想，在成就大业之后，将后来的基业托付给郭嘉，但是却不想他英年早逝，这就是命啊！"

曹操感念郭嘉为自己所做出的功绩，做表曰："军师祭酒郭嘉，自从跟我南征北讨，已经十一年了。每当有大的事情要商议的时候，他都能够随机应变，克敌制胜。朝臣们的许多决策在意见没法达成统一的时候，郭嘉总能够很快地帮助我做出决断。我能够取得今天这样的成绩，平定天下，郭嘉的功劳是最高的。但是，天妒英才，郭嘉英年早逝，没能帮助我完成统一大业。为郭嘉追加爵位和封赏，一定不能忘记。将郭嘉的管辖邑户增加到八百户，合并成千户。

【知识链接】

郭嘉生于公元170年，字奉孝，颍川阳翟人，是东汉末年杰出的军事家，曹操的谋士。

郭嘉是曹魏最为得力的助手和谋士，他也是曹操早期军事智囊团的核心人物之一。在辅助曹操完成霸业期间，他的深谋远虑深得曹操的赏识，在曹营中的地位几乎无可替代。生性多疑的曹操对郭嘉信赖有加，曾多次提到，在自己百年之后愿其辅佐自己的儿子继续完成霸业，但曹操的这一美好设想并没有实现，郭嘉英年早逝，但他的功绩并没有随之消逝，在他死后，曹操还一直感怀他的功德。

如果仔细分析的话，就不难发现，郭嘉的死亡可谓是曹操争霸天下事业的转折点。郭嘉生前，帮助曹操剿灭吕布，官渡之战中又打败袁绍及其部众，协助曹操基本统一了北方霸业，为曹操后来的三分天下以及最终统一天下打下了坚实的基础。

但是,在郭嘉死后,曹魏集团除了在西北与马腾、韩遂等草寇型军阀的战争中取得一些战绩外,整个势力的扩张基本上处于停滞不前的状态。特别是在赤壁之战中,曹操更是元气大伤,无奈之下暂歇了统一天下的壮举,形成了三分天下的局势。这本非曹操所愿,但军事上的失利已让他没有太多的力气继续勾画宏图,在赤壁战败后,曹操发出了"郭奉孝(郭嘉)在,不使孤至此"如孤猿泣血般的哀叹。

华佗传

【经典原貌】

华佗字元化,沛国谯人也,一名旉①。游学徐土,兼通数经。

沛相陈珪举孝廉,太尉黄琬辟,皆不就。晓养性之术,时人以为年且百岁而貌有壮容。

又精方药,其疗疾,合汤不过数种,心解分剂,不复称量,煮熟便饮,语其节度,舍去辄愈。

若当灸,不过一两处,每处不过七八壮,病亦应除。若当针,亦不过一两处,下针言"当引某许,若至,语人"。病者言"巳到",应便拔针,病亦行差。

若病结积在内,针药所不能及,当须刳割者,便饮其麻沸散,须臾便如醉死无所知,因破取。

病若在肠中,便断肠湔洗,缝腹膏摩,四五日差,不痛,人亦不自寤,一月之间,即平复矣。

——节选自《三国志·魏书二十九·方技传第二十九》

【注析品读】

①臣松之案：古"敷"字与"专"相似，写书者多不能别。寻佗字元化，其名宜为旉也。

裴松之注释：古字"敷"字与古字"专"字相似，很多写书的人都不能辨别，因此对华佗名字真正的解释应该是，华佗字元化，其名宜为旉也。

华佗是沛国谯县人，字元化，又名旉。游学徐州之地，博览群书，尤其对经书甚是喜爱。

随着精湛的医术被人知晓，名气也被抬得很高，为此，沛国相陈硅曾多次推荐他为孝廉，太尉黄琬也看中了他，征召他出任官职，但他都回绝了。华佗不仅医术精湛，而且也通晓养生之道，已到期颐之年的他外表看起来就象一个壮年人一样。

华佗精通药理，长期的从医生涯使他积累了大量的用药经验，他所配治的药方不过用药几味，药放在手上，不用称量便知分量几许，待煎服后，叮嘱其用药时忌讳的食物以及相关的注意事项。华佗用药之神在于病人并不需要承受长期病痛的折磨，大多病患在服用完药物之后，很快就见好转，更有甚者，华佗刚离开患者家中，患者的病痛就痊愈了。

灸疗、针疗意在刺激人体穴位，找到病患之处，每次用灸疗，华佗就一两个穴

位分别施七、八根艾条,病痛很快就会得到缓解。如果采用针疗的方法,也只是单单就一两穴位施针,并在下针时告诉病人说:"针刺所带来的疼痛感会蔓延到周身,如果某处疼痛强烈,那么就请立即告诉。"当病人说"已经到了",他便立即起针,病痛很快就痊愈了。

如果病患长期没有得到治疗,由表入里,愈积成顽疾之时,对其进行药物和针灸治疗并不能收到效果,此时须对其剖开割除,为了缓解病人的疼痛感,华佗发明了"麻沸散",病人在饮用之后,很快便失去意识,如同醉死一样,这时再开刀取出结积物,就会毫无痛感。

病患如果在肠中,割除病变部位,清洗伤口之后在缝合的部位敷上膏药,四五天后,病患处就不会感到疼痛了。而在治疗的过程中,病人并没有承受痛楚的折磨,伤口的恢复期也很短,仅一个月左右的时间,伤口便会恢复如初。

【知识链接】

华佗在医术上的造诣主要体现在两个方面,一是利用针灸疗法治病;另一种是自创令人失去知觉的"麻沸散",这大大减轻了开刀时给病人带来的痛楚,因此,他被尊为"外科鼻祖"。但是这种世界上最早的麻药却因为曹操杀掉华佗,而华佗并没有记录具体的配方使其失传,成为一件千古憾事。

除了擅长医术以外,华佗还十分擅长养生之术,它可谓是养生之术的鼻祖之一,他通过观察虎、鹿、熊、猿、鸟五种禽兽的动作特征,创立了一套养生体操——五禽戏。

诸葛亮传

【经典原貌】

时左将军刘备以亮有殊量,乃三顾亮於草庐之中;亮深谓备雄姿杰出,遂解带写诚,厚相结纳。

及魏武帝南征荆州,刘琮举州委质,而备失势众寡,无立锥之地。

亮时年二十七,乃建奇策,身使孙权,求援吴会。权既宿服仰备,又睹亮奇雅,甚敬重之,即遣兵三万人以助备。

备得用与武帝交战,大破其军,乘胜克捷,江南悉平。后备又西取益州。益州既定,以亮为军师将军。

备称尊号,拜亮为丞相,录尚书事。及备殂没,嗣子幼弱,事无巨细,亮皆专之。

於是外连东吴,内平南越,立法施度,整理戎旅,工械技巧,物究其极,科教严明,赏罚必信,无恶不惩,无善不显,至於吏不容奸,人怀自厉,道不拾遗,强不侵弱,风化肃然也。

——节选自《三国志·蜀书五·诸葛亮传第五》

【注析品读】

当时,身为左将军的刘备,认为诸葛亮非常有才气,便三次到诸葛亮的草庐拜访;诸葛亮被刘备的诚意所打动,同时也认为刘备非常杰出,有英雄之姿,于是便出山,真心实意的辅助刘备,两人很郑重地互相接纳。

等到魏武帝曹操向南征讨荆州以后,刘琮以全荆州出降并效忠曹操,刘琮的举动使得刘备战略形势急转直下,而且当时刘备的军队规模也比曹操小很多,可供刘备控制的范围也越来越小。

诸葛亮辅佐刘备时年仅二十七岁,虽深知刘备的处境很是艰难,但仍愿为其效力。面对拥有重兵的曹操,诸葛亮向刘备提出了借助孙权之力,并一人前往孙权处,以求得吴军的联盟和支援。孙权早已听闻刘备贤德,又见麾下的谋士很是贤能,当即便派遣三万人随诸葛亮前去。

依托孙权的帮助,刘备很快便击败了曹操的军队,继而克敌制胜,占领了江南地区(意指荆南地区)。军备力量逐渐强大的刘备又一路向西,占领了益州(四川地区)。待益州平定之后,刘备封诸葛亮为军师。

刘备称帝以后,册拜诸葛亮为丞相,同时兼任录尚书事的管制。等到刘备死后,继位的刘禅岁数很小,所以无论大事、小事,都由诸葛亮来执掌。

于是诸葛亮外交上联合东吴,内部又平定了四周的蛮夷地区,整编军队,建造各种军事武器,凡事都追求完美,奖罚分明,从不包庇过错,对做了错事的人给予惩罚,而对行善事者给予表扬,因此,人们都恪守规矩,路不拾遗,强不侵弱,风气肃然。

【知识链接】

诸葛亮,字孔明,出生于今山东省境内,是我国古代优秀的军事家和发明家。曾经在三国时期辅佐军阀刘备,为其征战讨伐出谋划策并在蜀汉政权建立后于内政方面做了许多重要工作。因为功绩显赫而能力超群,成为了三国历史上最为著名的一位人物,不仅是蜀汉政权内部的人崇敬他,连他曾经的对手——后来的晋室政权的当权者也对他非常欣赏,为了表示对诸葛亮的尊敬,晋朝还曾经特地追封其为武兴王。

《三国志》

典籍

中华国学阅读

诸葛亮为汉室江山呕心沥血，用自己的智慧巩固了蜀汉政权。纵观诸葛亮的一生，蜀汉江山便是他一生的成就，运筹帷幄之势，决胜千里之计都被后世无比尊崇，称他为智者的化身。大量的诗词传颂着他的功绩，为他专门修建的祠堂也总是有人前来拜访、瞻仰。

作为《三国演义》中的核心人物，除了推崇诸葛亮的鞠躬尽瘁死而后已的奉献精神以外，诸葛亮的形象被罗贯中给神化。他不仅能够登台做法，巧借东风，一举烧退了曹操的百万大军，更能够布石成阵，用石头布成的八阵图甚至能当十万兵。

《三国志》中对于诸葛亮的治国才能做了很详细的记录："诸葛亮之为相国也，抚百姓，示仪轨，约官职，从权制，开诚心，布公道；尽忠益时者虽仇必赏，犯法怠慢者虽亲必罚，服罪输情者虽重必释，游辞巧饰者虽轻必戮；善无微而不赏，恶无纤而不贬；庶事精练，物理其本，循名责实，虚伪不齿；终于邦域之内，咸畏而爱之，刑政虽峻而无怨者，以其用心平而劝诫明也。可谓识治之良才，管、萧之亚匹矣。然连年动众，未能成功，盖应变将略，非其所长欤！"

除了治国之才以外，诸葛亮还是一个非常著名文学家和发明家。他的文学作品《前出师表》、《后出师表》、《诫子书》等都是千古传诵的经典篇章。

诚子书

夫君子之行,静以修身,俭以养德。非淡泊无以明志,非宁静无以致远。夫学须静也,才须学也。非学无以广才,非志无以成学。淫慢则不能励精,险躁则不能冶性。年与时驰,意与日去,遂成枯落,多不接世,悲守穷庐,将复何及!

后人对诸葛亮的部分评咏诗辞:

八阵图

唐·杜甫

功盖三分国,名成八阵图。

江流石不转,遗恨失吞吴。

蜀相

唐·杜甫

丞相祠堂何处寻,锦官城外柏森森。

映阶碧草自春色,隔叶黄鹂空好音。

三顾频烦天下计,两朝开济老臣心。

出师未捷身先死,长使英雄泪满襟。

诸葛武侯

宋·王安石

汉日落西南，中原一星黄。

群盗伺昏黑，联翩各飞扬。

武侯当此时，龙卧独摧藏。

掉头梁父吟，羞与众争光。

邂逅得所从，幅巾起南阳。

崎岖巴汉间，屡以弱攻强。

晖晖若长庚，孤出照一方。

势欲起六龙，东回出扶桑。

惜哉沦中路，怨者为悲伤。

竖子祖余策，犹能走强梁。

读诸葛武侯传

唐·李白

汉道昔云季，群雄方战争。

霸图各未立，割据资豪英。

赤伏起颓运，卧龙得孔明。

当其南阳时，陇亩躬自耕。

鱼水三顾合，风云四海生。

周瑜传

【经典原貌】

时刘备为曹公所破,欲引南渡江,与鲁肃遇於当阳,遂共图计,因进住夏口,遣诸葛亮诣权,权遂遣瑜及程普等与备并力逆曹公,遇於赤壁。

时曹公军众已有疾病,初一交战,公军败退,引次江北。瑜等在南岸。

瑜部将黄盖曰:"今寇众我寡,难与持久。然观操军船舰首尾相接,可烧而走也。"乃取蒙冲斗舰数十艘,实以薪草,膏油灌其中,裹以帷幕,上建牙旗,先书报曹公,欺以欲降。又豫备走舸,各系大船后,因引次俱前。

曹公军吏士皆延颈观望,指言盖降。

盖放诸船,同时发火。时风盛猛,悉延烧岸上营落。

顷之,烟炎张天,人马烧溺死者甚众,军遂败退,还保南郡。

备与瑜等复共追。曹公留曹仁等守江陵城,径自北归

【注析品读】

当时刘备被曹操打败,想要向所处江南的东吴势力求助,刚好于鲁肃在当阳相遇,鲁肃是东吴方面的忠臣,于是两人商量着如何共同对付曹操。刘备授权诸葛亮全权代表自己处理双方结盟之事,而孙权方面则派遣周瑜以及程普等部将前往,与刘备一起对付曹操,最终在赤壁相遇。

因为曹操的部队都来自北方,到了南方之后便因为水土不服等原因,很多士兵都生病了,因此曹操与孙刘联军一交战,便失败了,不得不退到了江北驻扎。周瑜等驻扎在江的南岸。

典籍

周瑜手下的部将黄盖说："现在敌人人数众多，而我方人数将少，一旦曹操军队休养生息过来，我们很难坚持长久的。但是，我仔细观察了曹操的军舰分布，发现了一个致命的失误，他们的船只都是首尾相连的，可以选择用火攻，一定能够取得奇效。"于是，黄盖调集了数十艘船只，在上面放上易燃的稻草，稻草里面灌注了燃料，并且用幔布将稻草裹了起来，在上面插上了旗帜作为掩护。先写书信给曹操，假装投诚，又准备了一些小船，跟在这些装有易燃稻草的大船后面，用做逃生之用。

对于黄盖来降，曹操的士兵都站在船上伸长了脖子看着远处徐徐而来的大船。

当装有易燃稻草的船只快要靠近曹操的连环战舰的时候，他下令放火，点燃船上的稻草，在稻草、燃料的双重作用下，船只很快便被火焰所覆盖。当时风力很大，在狂风的作用下，火焰战船很快冲进了曹操的阵营之中，在曹操阵营中引起了大火。

顷刻间，火焰冲天，曹操阵营中的人员和马匹被火烧死的、掉入水中淹死的不计其数，最终曹操大败而归，回到了南郡。

刘备和周瑜不肯放过千载难逢的机会，乘胜追击。

曹操命令曹仁等部众在江陵城进行防守，阻拦东吴联军的追击，他自己率领其他的部众逃回了北方。

【知识链接】

与枯燥无味的正史相比，通俗易懂、情节跌宕起伏的演义小说更容易让广大读者所接受，并不是所有人都如同史学家一样在乎历史的真相，但是我们应该坚持一个底线，那就是能够区分事实的真假。

《三国演义》对后人产生了无比深刻的影响，这种影响已经深深地刻入人们的骨髓之中，无法抹去。无论是垂暮之年的老人，还是刚刚步入学堂的孩童，对于三国都有所了解，而这种了解主要都是基于《三国演义》，而不是《三国志》。

《三国演义》是以蜀国的兴衰为主线，诸葛亮作为辅助刘备一手建立了蜀国的一号人物，自然是以正面形象出现在众人眼前，因此《三国演义》中对于诸葛亮的敌人多方污蔑和贬低，而周瑜就是其中惨遭扭曲贬低最为严重的一个人物。

火烧赤壁成功地打破了曹操统一中原的雄心，形成了三分天下的格局，而这一扭转时局的战役在《三国演义》中归结为诸葛亮的智慧，但正史中并没有记载诸葛亮参与了赤壁之战，周瑜才是此次战役的谋划者，此功当归属周瑜。

作为孙权的谋士，周瑜深知曹操的势力将对东吴构成极大的威胁，为此，他力劝孙权与刘备合作，共同抗曹。在美化诸葛亮的《三国演义》中，东吴出兵配合刘备讨曹这一决策，是因诸葛亮的游说，并非周瑜的主战。为了更好地衬托出诸葛亮的智慧，《三国演义》中将周瑜刻画

典籍

成为了气量狭小的人，他虽有谋士之才，却无法企及诸葛之能，为此，周瑜慨叹："既生瑜何生亮！"但正史中的周瑜却并非如此，刘备对周瑜评价的是："器量广大"，程普评价周瑜说："与公瑾交，若饮醇醪，不觉自醉"，陈寿评价周瑜"性度恢廓"。

因此，周瑜绝对不是气量狭小之辈，《三国演义》中周瑜的形象是罗贯中为了抬高诸葛亮而虚构的，并不是真实的历史。

而且周瑜和诸葛亮分别是东吴和蜀汉两大集团的主要臣子，两人极少碰面，而根据正史中记载的时间，赤壁之战结束到后来周瑜病逝的这段时间里，诸葛亮一直在忙着其他的事情，根本没有和周瑜见面，"气死周瑜"也就成了无稽之谈。

周瑜受贬低的原因

《三国演义》广泛流传之前，周瑜一直是以胆略过人、气度恢弘、雍容大雅的形象出现在世人的面前，即使是当时周瑜的敌人也有不少人仰慕他。宋代大词人苏轼一首千古绝唱《念奴娇·赤壁怀古》，将周瑜的形象全然印衬在了"雄姿英发，羽扇纶巾，谈笑间，樯橹灰飞烟灭"中。

但遗憾的是，随着《三国演义》的广泛流传，这样一位才能卓越、气度雍容的儒将却在百姓心中蜕变成了一个嫉贤妒能、心胸狭隘、意气用事之辈。

对于周瑜形象的歪曲，陈迩冬在《闲话三分》一书中是这样评价的："这个人（周瑜）对孙氏忠；对朋友谅；划策有绝招；风头足；名声好；加上人漂亮；夫人更是美人…那些碌碌之辈，自惭形秽之流，难免不生嫉妒之心。"意思是说，正是因为周瑜他过于完美，他才能卓越、气度不凡、位居高位，再加上夫人魅力,一个人所追求的才、貌、权、色他一个人全占了,难免不会让人生出嫉妒之心。

当然,这心怀嫉妒之人很可能是一小部分,更多的原因可能要归咎于周瑜所投身的势力是孙吴集团。从可考证的史记中可以看出,它们都将曹魏或是蜀汉写为正统的传承,但只不过是各执一词而已。而很少有史料是以孙吴为正统记载的,使得整个孙吴势力夹在中间,不上不下,地位十分尴尬。而人物的善恶褒贬也随之潮起潮落,数度浮沉,最终使得孙吴形象变得面目全非。

尘封的历史终有被探究、发现的时候,而作为吴国的谋士,周瑜的气量却一直不为人所知,随着历史学者对三国时期人物、事件的探索,他的风姿又以另一种姿态呈现在世人的面前。熟读经史的士大夫们在描绘周瑜的字里行间中,无不充盈着对他的敬佩之情。以礼乐诗书为基调的古文化中,周瑜的形象已然成形,但从《三国演义》中,人们看到的却是一个嫉才傲物、心胸狭隘的周瑜,而且他的这种形象已经深入人心,并在民间广为流传。

到了宋朝和元朝交替之际,周瑜在民间意识里的形象更是一落千丈。当时有一部著作叫《三分事略》,它将周瑜完全作为刘备集团的对立面来处理,对周瑜形象大肆贬低、痛斥,以此来反衬刘备集团人物的忠义。因为这部作品是为了适应当时广大民众娱乐生活需要的话本,话本采用单纯朴素的手法,让周瑜的性格显得过于狭隘,智慧显得过于平庸,甚至略显愚蠢,相当脸谱化,简单化。这种处理更为符合普通民众对于精神娱乐的需要。

典籍

时至元代,因为独特的社会结构,元代废除了科举制度,寒窗苦读的读书人失去了出头之日和进身之阶,不得不转投其他行业,由此一大批满腹诗书的文人加入到了市井文学的创作中,而罗贯中便是其中的佼佼者。

不可否认,与《三国志》中的枯燥人物相比,《三国演义》中的人物塑造更为活灵活现,而且情节动人心魄,但是演义小说毕竟也是小说的一种,其中虽然有一定的广征博引的史料,并不等于真实的历史,其中夸张、渲染的手法过于严重。

《三国演义》中的主线是以蜀国的兴衰荣辱而展开的,全书的指导思想就是"拥刘",这就使得罗贯中在创作著作的时候必须有鲜明的立场,这样吸引读者。于是,我们在《三国演义》看到了刘备的仁、关羽的义、张飞的猛、赵云的勇以及孔明的智,蜀国这些人物的描写和故事安排无不绚丽多姿,闪烁着浓厚的古典浪温主义色调,而确立了主线之后,其他的人物只能作为陪衬出现了,即使这个人在真正的历史里是那么的英俊潇洒、气度不凡。

因此,不管周瑜在正史上如何叱咤风云,英姿飒爽,但在《三国演义》中却终究是一个陪衬的角色,成为了衬托诸葛亮这朵鲜花的绿叶。虽然《三国演义》中的周瑜确也算得上是足智多谋,智勇双全,是其他人无法可比的。但是,在与诸葛亮的交锋中,其超常人的才智便显得暗淡无光,过于平庸了。正如毛宗岗评价的那样"以周瑜之乖巧以衬托孔明倍乖巧"。

作为《三国演义》中的核心人物,诸葛亮除了神机妙算、足智多谋,还具有长远的战略眼光,包容万物的气度以及超凡脱俗的气质。罗贯中为了成功塑造这位无论是性格、才能、样貌都近乎完美的贤相名臣,不得不突破真实史料的框架和束缚,吸收民间文艺形象,加以虚构创作,再通过对周瑜心胸狭隘的性格来衬托诸葛亮广阔的胸襟,更加凸显诸葛亮鞠躬尽瘁死而后已,足智多谋,智勇双全的完美形象。

所有关于三国时期的真正历史书籍中,都没有提及诸葛亮和周瑜之间的恩怨,在正史中,诸葛亮的功绩更多的表现在刘备逝去以后,对蜀国的治理上,而赤壁之战时,诸葛亮的主要是负责为刘备筹集粮草以及管理后勤等工作。赤壁之战之后,曹魏方面元气大伤,唯一能和孙吴抗衡的只有刘备一方。因此,周瑜上书给孙权,让他提防刘备,但是在上书的内容中,较多的提及了刘备以及关羽、张飞,对诸葛亮并没有过多的提及。

由此可见,在正史中,诸葛亮的地位、才智并不是十分优秀,都未曾引起周瑜的重视,那么周瑜又怎么可能去与一个无名小辈为难呢?

但是,为了塑造诸葛亮的完美形象,《三国演义》中刻意将市井文学中那位狭隘冲动的周瑜加以描绘,让其多次刁难诸葛亮,但都被诸葛亮化危难于谈笑之间,从而更能衬托出诸葛亮的人格魅力,智勇双全。综上所述,就是《三国演义》与《三国志》中的行为相差如此之大的原因。

念奴娇·赤壁怀古

宋·苏轼

大江东去,浪淘尽。千古风流人物。故垒西边,人道是,三国周郎赤壁。乱石穿空,惊涛拍岸,卷起千堆雪。江山如画,一时多少豪杰!

遥想公瑾当年,小乔初嫁了,雄姿英发,羽扇纶巾,谈笑间,樯橹灰飞烟灭。故国神游,多情应笑我,早生华发。人生如梦,一樽还酹江月。

中华国学阅读

吕蒙传

【经典原貌】

　　吕蒙字子明，汝南富陂人也。少南渡，依姊夫邓当。当为孙策将，数讨山越。蒙年十五六，窃随当击贼，当顾见大惊，呵叱不能禁止。归以告蒙母，母恚欲罚之，蒙曰："贫贱难可居，脱误有功，富贵可致。旦不探虎穴，安得虎子？"母哀而舍之。

　　……

　　鲁肃代周瑜，当之陆口，过蒙屯下。

　　肃意尚轻蒙，或说肃曰："吕将军功名日显，不可以故意待也，君宜顾之。"遂往诣蒙。

　　酒酣，蒙问肃曰："君受重任，与关羽为邻，将何计略以备不虞？"

　　肃造次应曰："临时施宜。"

　　蒙曰："今东西虽为一家，而关羽实熊虎也，计安可不豫定？"

　　因为肃画五策。肃于是越席就之，拊其背曰："吕子明，吾不知卿才略所及乃至于此也。"

　　　　　　　　　　——节选自《三国志·吴书五·周瑜鲁肃吕蒙传第九》

【注析品读】

　　吕蒙字子明，祖籍在汝南富陂。后因家中变故，在他少年时期来到南方投靠他的姐夫邓当。邓当是孙策麾下的一员猛将，曾多次征讨周围的蛮荒部落。只有十五六岁的吕蒙见邓当要去杀贼，就偷偷地尾随在他的后面，后来邓当终于发现了他的行迹，对他进行了一番斥责，但吕蒙并没有因此放弃杀贼的想法。邓当见自己的规劝没有动摇吕蒙的想法，无奈之下只能将此事告知他的母亲。吕蒙的母亲在得知事情的始末之后非常气愤，并且想要严厉的责罚他，但是吕蒙却说："贫苦的日子我已经无法忍受了，只有这样的方法，才能走出窘迫的境地，杀贼可以建立功勋，改变原来的生活面貌，这是一件好事。虽然会有危险，但是没有舍身的精神，又岂能完成志向？"吕蒙的母亲虽然很伤心，但还是答应了。

……

鲁肃应孙权的委派，临时代替周瑜处理军需事物，此时的吕蒙已经是一员大将，在邓当路过吕蒙屯兵的地方前去拜访鲁肃的时候，听到了这样一番言辞："今非昔比，如今吕蒙已是一个声名显赫的将军，再不能用以前的眼光去看待他，这一点希望你能顾及到。"言语中虽对吕蒙多有肯定，但却也表示出了对他本人过往的轻视。

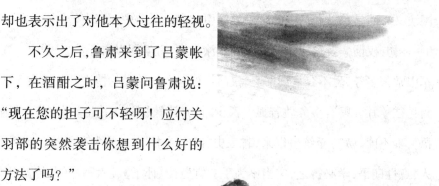

不久之后，鲁肃来到了吕蒙帐下，在酒酣之时，吕蒙问鲁肃说："现在您的担子可不轻呀！应付关羽部的突然袭击你想到什么好的方法了吗？"

鲁肃轻慢地说："这不难，到时临时决定便可。"

吕蒙说："眼下东吴和西蜀只是暂时联盟，而关羽率领的部下在

将来对我们的威胁是最大的,此时不做好打算到时就已经晚了。"遂向其提出了五个治敌策略。鲁肃听后很是激动,立即越过饭桌来到吕蒙近前,拍着他的背说到:"我真是拙劣呀,不知您有这样的宏才大略!"

【知识链接】

对于吕蒙,最为熟悉的便是那篇《孙权劝学》的文章:

初,权谓吕蒙曰:"卿今当涂掌事,不可不学!"蒙辞以军中多务。权曰:"孤岂欲卿治经为博士邪!但当涉猎,见往事耳。卿言多务,孰若孤?孤常读书,自以为大有所益。"蒙乃始就学。及鲁肃过寻阳,与蒙论议,大惊曰:"卿今者才略,非复吴下阿蒙!"蒙曰:"士别三日,即更刮目相待,大兄何见事之晚乎!"肃遂拜蒙母,结友而别。

但是很多人并不知道,《孙权劝学》这篇文章实际上的出处并不是《三国演义》,而是《三国志》中的裴松之注引的《江表传》中,《江表传》中记录:

"初,权谓蒙及蒋钦曰:'卿今并当涂掌事,宜学问以自开益。'蒙曰:'在军中常苦多务,恐不容复读书。'权曰:'孤岂欲卿治经为博士邪?但当令涉猎见往事耳。卿言多务孰若孤?孤少时历《诗》、《书》、《礼记》、《左传》、《国语》,唯不读《易》。至统事以来,省三史、诸家兵书,自以为大有所益。如卿二人,意性朗悟,学必得之,宁当不为乎?宜急读《孙子》、《六韬》、《左传》、《国语》及三史。'"

……

蒙始就学,笃志不倦,其所览见,旧儒不胜。后鲁肃上代周瑜,过蒙言议,常欲受屈。

肃拊蒙背曰:'吾谓大弟但有武略耳,至于今者,学识英博,非复吴下阿蒙。'"吴下,指东吴。阿蒙是指吕蒙。起初,吕蒙的学识和经验都不足,孙权劝他和蒋钦,要多读兵书、史书。吕蒙勤奋学习,大有长益。鲁肃和他交谈,常常在一些事情上被吕蒙给驳倒。鲁肃赞许地说:'你已不再是过去的东吴阿蒙了。'"

后以"吴下阿蒙"称誉别人变化很大,长进明显;或反其意而用之,谦指自己毫无长进,也作"阿蒙吴下"。

吕布传

【经典原貌】

吕布字奉先,五原郡九原人也。以骁武给并州。刺史丁原为骑都尉,屯河内,以布为主簿,大见亲待。灵帝崩,原将兵诣洛阳[1]。与何进谋诛诸黄门,拜执金吾。进败,董卓入京都,将为乱,欲杀原,并其兵众。卓以布见信于原,诱布令杀原。布斩原首诣卓,卓以布为骑都尉,甚爱信之,誓为父子。

——节选自《三国志—吕布张邈臧洪传第七》

【注析品读】

[1]英雄记曰:原子建阳。本出自寒家,为人粗略,有武勇,善骑射。为南县吏,受使不辞难,有警急,追寇虏,辄在其前。裁知书,少有吏用。

裴松之注释:

根据《英雄记》上面对丁原的解释,"丁原出身于建阳,且出生寒门之家,为人粗略,有武力而且善于骑射。他出任南县官吏的时候,无论多难的

命令他都推迟，每当有紧急任务，追捕流寇和犯人的时候，他都冲在最前面。他读过一些书籍，这点很少有官吏能够与他相比。

吕布字奉先，五原郡九原人，以骁勇善战称雄于并州。刺史丁原为骑都尉，屯兵于河内，听闻吕布有才能，便任命他为自己的主簿，对他很是和善。汉灵帝驾崩，丁原领兵进京后，便与大将军何进商讨诛杀宦官，并为执金吾。但是，天不遂人愿，何进没有成功。何进失败，董卓进京，董卓军队中的士兵和将领们霍乱洛阳，董卓很想杀掉丁原，吞并他的手下。董卓暗中收买吕布，诱使吕布杀掉丁原。吕布杀掉丁原后，拿着他的人头回去向董卓复命，董卓任命吕布为新的骑都尉，对他十分信赖和宠爱，情同父子。

【知识链接】

《三国演义》中，对吕布这一人物做了经典的描绘，方天画戟、赤兔马、金冠都成为了吕布的代名词；"三英战吕布"，关羽、张飞、刘备三人共同围攻吕布，也未能将吕布打败，成为了《三国演义》中的经典篇章，同时也成为各种戏剧曲目中的经典一幕；随后，吕布为了自己能够飞黄腾达，先后认丁原、董卓为义父，再加上自己的本来姓氏，共有"三姓"，所以张飞便说他是"三姓家奴"；董卓自从有了吕布的辅助，便更加的嚣张跋扈，目中无人，司徒王允为了除掉董卓,先是使用美人计,用美女貂蝉诱惑吕布,之后又使用离间计,通过貂蝉挑拨吕布和董卓之间的关系,最终导致吕布中计,除掉了董卓。

对于吕布,三国时期的许多人都曾经做过评价。

《三国志》中有记录,曹操曾经感慨说道:"人中有吕布,马中有赤兔。"后来,这句被用来非常优秀的人才,这种人才是万中无一的。但是,曹操也看透了吕布的为人,虽然他的才能无人可以与之匹敌,但是他的为人过于反复,没有忠心。曹操亦说:"布,狼子野心,成难久养。"意思是说吕布凶暴居心狠毒,很难长期的收留。

而在《后汉书》中,也有着相同类似的记载:"术既叨贪,布亦翻覆。"意思是说,袁术为人贪婪成性,吕布为人反复无常。

正是因为吕布这样的为人和性格特点,陈寿最后在《三国志》中这样的总结评价:"吕布有虓虎之勇,而无英奇之略,轻狡反复,唯利是视。自古及今,未有若此不夷灭也。"意思是说,吕布仿佛如同咆哮的老虎那样勇猛,但是却没有超群的智慧和谋略,轻抚狡诈而且反复无常,眼中只有私利。纵观古今,类似这样的人没有不被消灭的。

因此,吕布的才能值得人们去学习,但是他的为人也应该给人们敲响警钟,做人千万不能如同吕布一样,反复无常,贪恋私利,那样的话,吕布最终的结局也会发生在我们的身上。

第二章

《左传》

第一节　《左传》简介

一、《左传》的作者

《左传》原名为《春秋左氏传》,这部古籍相传是鲁国史官左丘明耗毕生心血所著。古人对一部书的解释叫作"传",《左传》是注解《春秋》的一部书。《左传》是我国现存第一部叙事详细的编年体史书。它与《春秋公羊传》、《春秋谷梁传》合称"春秋三传"。

对于《左传》的编著者人们众说纷纭,其中最为可信的是《左传》的作者是左丘明,这一点司马迁和班固都有所提及。

对于左丘明,因为他的年代实在过于遥远,具体的出生、卒年已经无从考究,只知道他是春秋末期鲁国人,与孔子是同一时代的人。他出身史官世家,曾经出任鲁国太史公,司马迁《史记·十二诸侯年表》说:"鲁君子左丘明惧弟子人人异端,各安其意,失其真,故因孔子史记具论其语,成《左氏春秋》。"

"左丘明"这个名字,时至今日也存在着很大的争议,一种认为是姓左,名丘明,一种说法认为他的姓是个复姓,复姓左丘,名明,还有一种观点认为,他姓丘,名明,而"左"是他的尊称,因为在古代中,"左右"除了表示方向外,还有着尊卑之分,以"左"为尊。

二、《左传》内容简介

《左传》所记载的年限是从鲁隐公元年,截止于鲁悼公十四年,以《春秋》为本,记载的内容以春秋时期的史实为基础,叙述事件的年限也和《春秋》没有什么差别,只是比春秋多记载了 17 年的事情,是后人研究春秋时期社会特征的重要典籍。

《左传》的内容主要取材于各国的王室档案、诸侯国史等。它将王室的兴衰,诸侯的纷争,政治、道德、礼仪、民俗等收纳其中。作为编年体史书,它对历史的传承所起的作用是无可替代的,为后世研究先秦和春秋时期史实提供了极为重要的史料。

《左传》作为中国第一部以大规模叙事为代表性的作品,它有着很高的文学成就。相比较

典籍

《左传》出现之前的任何一部著作，大多数如同流水账一样，许多头绪纷杂，变化多端的历史大事件记录得不是十分详细，特别是关于一些战争的描述，很可能一场惊心动魄、决定国家命运的战争，会被记载成"XXX 年，XX 打败 XX 地"就结束了，至于具体的细节，描述的并不是十分清楚。

《左传》对战争的描写十分详细，写得尤为出色。《左传》将大国之间的争霸作为发动战争的诱因，对各国之间的微妙关系，征战的目的，战场布局等都做了描述，而且文字精炼，叙事紧凑。它所运用的写作手法对后世编著史料奠定了别样的基调。

《左传》在描述历史事件的发生和发展等过程中，采用故事情节化，以便让人对其有真切的感受，对所刻画的人物和描绘的场景有更为深刻的印象，文中语言生动，理富文美，颇具文学色彩。

纵观整部《左传》，外交辞令可谓其中的点睛之笔，比如其中的"烛之武退秦师"、"子鱼论战"等。这些典雅从容，委婉巧妙的外交辞令或是引经据典，或是用道义的力量的使人折服，时至今日仍然给后人留下深刻的印象。

第二节 《左传》中主要作品阅读赏析

子产论为政宽猛

【经典原貌】

郑子产有疾,谓于太叔曰:"我死,子必为政。唯有德者能以宽服民,其次莫如猛。夫火烈,民望而畏之,故鲜死焉;水懦弱,民狎而玩之,则多死焉,故宽难。"疾数月而卒。

太叔为政,不忍猛而宽。郑国多盗,取人于崔苻之泽。大叔悔之,曰:"吾早从夫子,不及此。"兴徒兵以崔苻之盗,尽杀之,盗少止。

仲尼曰:"善哉!政宽则民慢,慢则纠之以猛;猛则民残,残则施之以宽。宽以济猛,猛以济宽,政是以和。《诗》曰:'民亦劳止,讫可小康;惠此中国,以绥四方。'施之以宽也。'毋从诡随,以谨无良;式遏寇虐,惨不畏明。'纠之以猛也。'柔远能迩,以定我王。'平之以和也。又曰:'不竞不絿,不刚不柔,布政优优,百禄是遒。'和之至也。"

及子产卒,仲尼闻之,出涕曰:"古之遗爱也。"

——节选自《左传·昭公二十年》

【注析品读】

郑国的子产得了重病,知道不久于人世,便对太叔说:"我死后,你一定会执政。只有有德行的人才会选择宽和的方法让百姓服从,德行稍差一些的,就要选择用严厉的方法。火势刚猛,人们看到就会害怕,进而畏而远之,

所以死在火里的人很少。水较柔和,人们往往会轻视而接近、玩弄,最终丧生在水中。所以,要想用宽和的方法施政很难。"没过多久,子产便离开了人世。

太叔执政后,不忍心用严厉的方法施政,便选择宽和的方法。可是,这种方法过于宽和,让人们都不惧怕,致使盗贼越来越多,多聚集在崔苻的湖沼里。太叔见状,后悔不跌,说道:"如果我早听他的话,就不会像今天这样了。"于是,太叔便派兵前往崔苻的湖沼,将那里的盗贼都杀了,这样才让各方盗贼有所收敛。

孔子说:"对啊!施政过于宽和,就会让人们懈怠,这个时候就应该采用严厉的措施来纠正;施政过于严厉,人们往往会受到伤害,这个时候,就应该采用宽和的施政方法来调节。宽和可以调节严厉,严厉也可以调节宽和,这样政事才会和谐。《诗·大雅·民劳》中说:'民众辛勤劳作,企盼得到安康;京城之中施仁政,才能安抚四方诸侯。'这便是施政宽和。'对违反法令的人要惩罚,对行为不端的人要进行约束。'这是用严厉的方法来纠正。'远处和近处的人都要安抚,用这种方法安定我王室。'这是用和睦来安定国家。又说:'既不急躁也不怠慢,既不刚猛也不柔,施政温和又宽厚,百种福禄全聚。'这便是宽和达到了极致。"

子产去世后,孔子听闻悲痛地说:"子产是有仁爱的人。"

【知识链接】

本节所讲述的就是关于施政方面的中庸之道,中庸之道对于中华文明的影响源远流长,中国古人很早之前就认识到了这点,并且一直注意并提倡在相反的两个方面之间寻求平衡。

按照传统的观点,假如施政不能平衡,往往偏重一方面,却忽视了另一方面,就会出现很多弊端。只有阴阳调和,刚柔相济,事情才会向着好的方向发展。

也许有人会认为这种观点已经跟不上时代的步伐了,为什么要一味的讲求平衡的中庸之道,怎么就不能偏激一点,极端一些呢?

当然可以。但是,不要忘记物极必反的道理。极端到底,就会向反的方向发展。好比弹簧,若是压力越大,其反弹就越强,反作用力就越大。而之所以出现这种状况,就是因为弹簧也是受平衡律支配的。从而,我们可以说,平衡律是宇宙间的一条普遍规律。

宽大仁慈,并不是所谓的软弱无能,而是代表了广阔的胸襟和气度,体现了一个人的涵养与品质。宽大为怀,以德服人,这样才会使人诚心实意的信服,敬佩,才会一心一意的支持你、帮助你。

威猛严厉,也不代表残忍、暴戾。它所体现的是一个人的决心和力度,是通过一些较为强硬的手段让那些违法乱纪之人能够安分下来,循规蹈矩的生活。

宽大仁慈过度,就会让一些人误以为此人软弱无能,故而得寸进尺,变本加厉的做一些有悖常理之事;而威猛严厉过度,就会变成残忍、暴戾,往往会激起民愤,法纪大乱。所以,宽和与严厉要互相调节,这样才不至于步入极端,导致不好的结果发生。

《左传》

典籍

子产不毁乡校

【经典原貌】

郑人游于乡校,以论执政。然明谓子产曰:"毁乡校,何如?"子产曰:"何为?夫人朝夕退而游焉,以议执政之善否。其所善者,吾则行之;其所恶者,吾则改之,是吾师也,若之何毁之?我闻忠善以损怨,不闻作威以防怨。岂不遽止?然犹防川:大决所犯,伤人必多,吾不克救也;不如小决使道,不如吾闻而药之也。"然明曰:"蔑也,今而后知吾子之信可事也。小人实不才。若果行此,其郑国实赖之,岂唯二三臣?"

仲尼闻是语也,曰:"以是观之,人谓子产不仁,吾不信也。"

——节选自《左传·襄公三十一年》

【注析品读】

郑国人喜欢聚集到乡校,谈论施政者的得与失。某日,大夫然明对子产说:"人们总在乡校议论施政的好坏,不如把乡校毁了?"子产说:"为什么毁掉乡校呢?人们在闲暇之余,到乡校内小聚一会儿,一起谈论施政的好与坏,这样,我们便可以知道我们所做的是对还是错。他们喜欢的,我们就大力推行;他们不喜欢的,我们就应该改正。它可以帮我们改正我们的错误,是我们的老师,为什么要将它拆掉呢?权势并不能让人的怨恨减少,只有对人和善,做好事才能使怨恨消除。想要快速地制止流言蜚语的方法很多,但这就如同堵塞的河流一样:水越积越多,一旦决口,受伤害的百姓一定会很多,那可不是我能挽救得了的。与其堵塞河流,倒不如开个口子疏导河流。同理,防民之口甚于防川,与其不让他们说,倒不如给他们机会,让他们说,这样，我们还可以从中吸取一些教训，要知道，良药苦口利于病啊。然明说："您真是一位有大智慧的人，如果郑国能够依先生所为，受利的又岂止是我们这些身为臣子的人呢！"

孔子听到了这番话后说："从这些话看，人们说子产不够仁义，我并不相信。"

【知识链接】

春秋时的乡校很容易让我们联想到一个名词——民主政治。民主政治并不是近代社会才有的产物，古希腊、古罗马等一些西方国家都是实施的这种政治制度，国家的自由民主也就是公民有参与政治的权利。虽然春秋时的乡校和古希腊等都是民主政治，但是二者还是有着很大区别的：乡校的平民百姓所拥有的只是议政的权利，也就是可以参与讨论政治的权利，并没有参政的权利，也没有选举权和被选举权，执政的权利仍然掌握在当时的贵族手里。

虽然春秋的乡校只有议政的权利，但是这并不妨碍它成为中国政治制度中的一个标杆似的存在。考虑到当时的社会环境和历史背景，在那种政治专制的情况下，能够给老百姓一个无所顾忌、畅所欲言的环境，一个能够让百姓获得言论自由的统治阶层，必须要有很大的气魄和开阔的胸襟。纵观整个中国封建社会，能够真正做到这一点的人，可谓是屈指可数。

其实，作为一代君主或者臣子，都可以想到老百姓所谈到的内容，无非是一些与他们生活密切相关的事情，君王是否英明，国家是否昌盛，有关国君的秘闻，大臣的私事等等。只要让老百姓过的富足安定，是不会有不轨的

动机的。自古农民起义，皆是因施政者昏庸无道造成的，哪有几个人会放弃安定富足的日子不过，反而做一些杀头的事呢？让百姓议论政事，就犹如放在自己的面前一块镜子，可以正衣冠，明得失。统治者运用强硬的手段的确可以让百姓保持沉默，但无法改变人们内心中的评价，无法左右人心的向背。所以，沉默并不意味人心所向，也不意味着顺从；相反，沉默中蕴含可怕的力量。

郑伯克段于鄢

【经典原貌】

初，郑武公娶于申，曰武姜，生庄公及共叔段。庄公寤生，惊姜氏，故名曰"寤生"，遂恶之。爱共叔段，欲立之。亟请于武公，公弗许。及庄公即位，为之请制。公曰："制，岩邑也，虢叔死焉。佗邑唯命。"请京，使居之，谓之京城大叔。

祭仲曰："都城过百雉，国之害也。先王之制，大都不过参国之一，中五之一，小九之一。今京不度，非制也。君将不堪。"公曰："姜氏欲之，焉辟害？"对曰："姜氏何厌之有？不如早为之所，无使滋蔓，蔓难图也：蔓草犹不可除，况君之宠弟乎？"公曰："多行不义，必自毙。子姑待之。"

既而大叔命西鄙北鄙贰于己。公子吕曰："国不堪贰，君将若之何？欲与大叔，臣请事之；若弗与，则请除之。无生民心。"公曰："无庸，将自及。"

大叔又收贰以为己邑，至于廪延。子封曰："可矣。厚将得众。"公曰："不义不暱，厚将崩。"

大叔完聚，缮甲兵，具卒乘，将袭郑。夫人将启之。公闻其期，曰："可矣。"命子封帅车二百乘以伐京。京叛大叔段。段入于鄢。公伐诸鄢。五月辛丑，大叔出奔共。

——节选自《左传·隐公元年》

【注析品读】

郑国的国君娶了申地的武姜为妻。姜氏先后生下了两个儿子，因为第一个儿子出生时脚先出来，属于寤生，姜氏就很不喜欢他，起名叫寤生，她喜欢第二个儿子，起名为段，也就是后来的共叔段。姜氏既然偏爱段，就想让段继任父职，郑武公却立了大儿子为继承人。就这样，武公死后寤生即位，成为郑庄公。

母亲偏爱小儿子，就让庄公把制这个地方封给段，庄公拒绝了，因为那个地方太险要了。姜氏没法，又索要京这个地方，庄公不忍心再拒绝母亲的要求，就答应了。但这种做法是不合先王制定的礼制的，大臣祭仲认为这样会给庄公带来祸患，但庄公很无奈地说，母亲要这样，我怎么办才能避除祸患呢？祭仲说，姜氏不会满足于这个的，不如您早点安排个地方，因为蔓延的野草是难以根除的，更何况是自己的亲弟弟。庄公却说，做了很多不符合道义的事情，一定不会收到

好的结果,在此,我们只有等待。

共叔段在姜氏的溺爱和纵容下,连续将边境上两个城邑据为己有。公子吕提醒庄公,国家不可能有两个君主吧,如果不打算分裂的话,只能留下一个,要么我们侍奉您,消灭他;要是您要把国家交给共叔段,我们就只好去侍奉他了。庄公却还是保持不动,他认为还不到除掉对方的时机,毕竟是他的弟弟,如果对方一意孤行,就是自取灭亡了。果然,共叔段又继续扩大自己的势力范围,公子吕说,这回可以动手了吧?庄公说,多行不义必自毙,土地庞大并不能赢得民心,他免不了要垮台的。

终于有一天,共叔段按捺不住,打算起兵偷袭郑国都城,而姜氏将会作为内应打开城门。庄公得到情报之后,便决定讨伐共叔段。他让公子吕率领二百辆战车和相应的马匹、士兵去讨伐京邑。果然,京邑的士兵纷纷投靠庄公,共叔段造反失败逃到了鄢邑,庄公派兵追到鄢邑,共叔段只好又逃向共国,庄公这才不追讨了。

【知识链接】

争夺王位和权利可以让骨肉相互残杀,这在古代的封建社会的政治斗争中似乎屡见不鲜,但让现在的我们看来恐怕还是会不寒而栗。

从郑庄公的角度看来,他似乎从一生下来就不招人喜欢,只因为他是寤生,因此他就得不到母亲的爱,只能得到莫名的厌恶。他做了国君之后,遵照母亲的意愿,违反祖制,将京邑封给了弟弟,这就说明他对母亲还是很尊敬的,这是遵从礼法的。公叔段一而再、再而三的私自扩充自己的地盘,招兵买马,急坏了庄公身边的大臣,而庄公却一忍再忍,不动声色,这不是因为他的力量不够，也不是他害怕什么，而是出于对公叔段和母亲姜氏的忍让。得知公叔段和姜氏要里应外合攻打都城的时候，庄公才不得不发兵讨伐公叔段了。公叔段如丧家之犬逃向外地，庄公也没有赶尽杀绝，决定到此为止。还有后来与姜氏的和解中来看，庄公还是一个胸襟广阔、遵守道德礼仪的人。

文章中，三个人物形象分明，跃然纸上，一个是固执、偏心而狠毒的姜氏；一个是骄纵、利欲熏心的公叔段；另一个是深谋远虑，胸襟开阔的郑庄公。郑庄公是个有远见和遵守礼仪的古代政治家，他虽然没有在春秋时期称霸天下，一部分的原因在于他遵守道德礼仪，尊崇周天子。也因此，他才没有在一开始就除去共叔段这个心腹大患，甚至最后原谅了要除掉自己的母亲姜氏，而与之修好，所以，庄公是个值得尊敬的人。

古代兄弟之间的排行是按：伯、仲、叔、季依次进行的。在礼仪作为行为道德规范的古代社会中，兄长在家中的地位就如同父亲一样，而前提是他们的父亲不在或者是其他原因导致不能执行父亲的权利。按这样的说法，宗法社会里规定长子继承父位当家，当国者则一样把王位传给长子。所以在文章中，郑武公会把王位传给大儿子，而不传给小儿子。

《左传》

典籍

介之推不言禄

【经典原貌】

晋侯赏从亡者,介之推不言禄,禄亦弗及。

推曰:"献公之子九人,唯君在矣。惠、怀无亲,内外弃之。天未绝晋,必将有主。主晋祀者,非君而谁?天实置之,而二三子以为己力,不亦诬乎?窃人之财,犹谓之盗。况贪天之功,以为己力乎?下义其罪,上赏其奸。上下相蒙,难与处矣。"

其母曰:"盍亦求之?以死谁怼?"

对曰:"尤而效之,罪又甚焉!且出怨言,不食其食。"

其母曰:"亦使知之,若何?"

对曰:"言,身之文也。身将隐,焉用文之?是求显也。"

其母曰:"能如是乎?与女偕隐。"遂隐而死。

晋侯求之不获,以绵上为之田。曰:"以志吾过,且旌善人。"

——节选自《左传》

【注析品读】

晋文公在结束逃亡,登上王位之后,对曾经跟随他的人都给予了一定程度的回报,唯独介之推没有邀功,达官厚禄没有降临到他的头上。

介之推说:"晋献公有九位公子,现在只剩我们国君还健在。惠公、怀公没有亲信,国内外都抛弃他们。上天不想灭绝晋国,就一定会降下主持国事的人。主持晋国祭祀的人,不是国君还会有谁?上天才是真正安置国君的人,而跟随君王出逃的几个人却以为是他们的功劳,这不是很荒谬吗?窃取了别人的钱财，就可以称其为盗贼。况且他们是沾了上天的功劳，还自以为是自己努力的结果呢？臣下以他们的罪恶为义，君上赏赐他们的奸诈。上下相互欺骗，再难与他们相处了。"

介之推之母说："你何不也去求些赏赐？这样到死又能怨谁？"

介之推说："明知是错的还效法，罪过就更大了！而且说出埋怨的话，就不能再吃他的俸禄了。"

他母亲说："也该让国君知道，怎么样？"

介之推说："言语是身体的装饰，身体都要隐居了，还用装饰做什么？那样做是求显贵啊。"

他母亲说："果然如你所说，我将与你一同归隐。"于是，母子隐居到死。

晋文公寻找不到他们，就把绵上作为他的祭田。并且说："以此记住我的过失，并且表彰善良的人。"

【知识链接】

晋文公重耳因为晋献公时骊姬之乱，被迫流亡在外十九年，期间颠沛流离，辛酸屈辱，使得他对跟随自己流亡的臣子充满感恩之心。

重耳一行人逃到卫国时，卫国不敢收留，于是改道齐国，卫国也没资助他们一点钱粮，途中已无食物可吃，重耳饿得挺不住了。这时介之推割下自己大腿上的一块肉，煮成肉汤端给重耳吃了，重耳吃完连声赞好，问是什么肉，介之推并没有直接回答，而是马上转移了话题，但重耳心中仍有疑虑，后经多方求证才得知是介子推割了自己身上的肉，晋文公得知后很是感动。这就是"割股奉君"的由来。

晋文公在秦穆公的帮助下返回晋国继位，在秦兵护卫君臣几人过河时，子犯说："逃亡十九年，路途上冒犯君主不止一两次了，现在就让我留在这里吧。"晋文公一听，连忙拉住，解下身上配的玉璧就扔河里了，说："我要是忘记各位的功劳，就像沉到河里的玉璧。"介之推看出他们是以退为进，实则邀功请赏，耻于和他们为伍，已经萌生退意。

　　这段文字没有曲折复杂的故事情节，只有介之推和其母的几句问答，人物的个性还是通过语言鲜明地表达出来。介之推不贪功，不邀赏，是因为他认为自己没功劳。是上天想要立晋文公，而让重耳经受磨难，不管是谁跟随重耳，晋文公都会回国挽救晋国。而其他跟随晋文公出亡的臣子，竟然把上天的功劳当作是自己的功劳。去向国君请赏，是不义的行为。

　　实际上重耳也有贪图安逸享受不思进取的时候，多亏跟随的人想方设法把他带回到正路上，所以这些人还是有功的。介之推过分相信宿命论，是他的思想局限，但是这并不妨碍世人赞赏他的牺牲精神，忠君爱国的情怀以及淡泊名利、功成身退的高风亮节。他的"贫贱不能移，富贵不能淫，威武不能屈"已经成为中华民族深刻的精神内涵。

　　清明节的由来

　　传说介之推携母隐居后，有人为他抱不平，作了一首讽刺诗，贴在晋宫门外。"龙欲上天，五蛇为辅。龙已升云，四蛇各入其宇，一蛇独怨，终不见处所。"晋文公见后，想起介之推的功劳，唏嘘不已，下令寻找，听说他到了绵山，亲自进山相请，介子推总是避而不见。文公想到介子推是孝子，就下令纵火烧山，想逼他出山，介之推母子守志不出，抱树而死。晋文公悲痛万分，就把介之推抱持的柳树带回宫，做成木屐，每天望着它悲叹："悲乎足下。"这也是足下一词的来源。

晋文公把绵上封为介之推的祭田，改名介山。敕令介之推忌日禁火，家家只能吃寒食，传说这是寒食节的由来。后来寒食节被清明节取代，人们又说纪念介之推是清明的起源。晋文公在第二年寒食节素服登绵山致祭，发现介之推抱住的那棵柳树复活了，睹物思人，封这株柳树为清明柳，意在彰表介之推为人清明，此后，人们便把这天称为清明节。

烛之武退秦师

【经典原貌】

九月甲午，晋侯、秦伯围郑，以其无礼于晋，且贰于楚也。晋军函陵，秦军汜南。佚之狐言于郑伯曰："国危矣，若使烛之武见秦君，师必退。"公从之。辞曰："臣之壮也，犹不如人，今老矣，无能为也已。"公曰："吾不能早用子，今急而求子，是寡人之过也。然郑亡，子亦有不利焉。"许之，夜缒而出，见秦伯，曰："秦、晋围郑，郑既知亡矣。若亡郑而有益于君，敢以烦执事。越国之鄙远，君知其难也，焉用亡郑以陪邻？邻之厚，君之薄也。若舍郑以为东道主，行李之往来，共其乏困，君亦无所害。且君尝为晋君赐矣，许君焦、瑕，朝济而夕设版焉，君之所知也。夫晋何厌之有？既东封郑，又欲肆其西封，若不阙秦，将焉取之？阙秦以利晋，惟君图之。"秦伯说，与郑人盟，使杞子、逢孙、杨孙戍之，乃还。

子犯请击之。公曰："不可。微夫人之力不及此。因人之力而敝之，不仁；失其所与，不知；以乱易整，不武。吾其还也。"亦去之。

——节选自《左传·僖公三十年》

【注析品读】

九月二十日，晋文公和秦穆公联合起来将郑国包围了，原因是郑文公曾经对晋文公无礼，并且在与晋国结盟的情况下，与楚国缔结了盟约晋国的大军驻扎在函陵，秦国的大军驻扎在汜南。郑国的大夫佚之狐向郑文公进言说："如今郑国情况危急，如果派遣烛之武面见秦穆公，一定能够劝说他退兵。"郑文公听从了他的建议。烛之武推辞说："我在年轻的时候并没有比别人优秀，现在到了这个年纪，就更做不成什么事情了。"郑文公说："以前我没有重用你，现在到了危急关头才来求你，是我的不对，但是如果郑国灭亡了对你也没有什么好处啊！"听了郑文公的一席话，烛之武也不再推辞。趁着夜色，烛之武顺着城墙悬绳而下，来到秦穆公帐下。见到秦穆公后，烛之武对他说："秦、晋两国围攻郑国，郑国已经知道要灭亡了。如果郑国灭亡您想要有所收获的话，那么就要烦劳您的手下了。晋国想要越过秦国攻打郑国，把郑国作为他们领土的一部分，您知道这是件不容易的事，但为什么还要以灭亡郑国来增加邻国的土地呢？邻国的实

力增强了,而您的力量却薄弱了。如果放弃攻打郑国,把它作为一个东道主,在秦国使者路过郑国时,他们所缺乏的东西就可以及时的得到补充,这对秦国来说并没有什么害处。而且,晋惠公曾受过您的恩惠,并答应把焦、瑕两个邑割让给您。然而,他早晨刚渡过河,晚上就修筑防御工事,这您是知道的。那么,晋国什么时候能够满足呢?现在他向东扩张把郑国当作东部的疆界,又想大肆向西扩张疆界。如果不侵犯秦国从哪里获得他想要的土地呢?秦国受到伤害而晋国则受益,您好好想想吧。"秦穆公听后很高兴,并与郑国签订了盟约,派杞子、逢孙、杨孙同郑国人一起守卫城池,自己则率领大军回国了。

子犯请求晋文公下令攻击秦国军队,晋文公说:"不可以!如果没有他的帮助我就没有今天的成就。如今我再凭借他曾经的给予而去伤害他,这是不仁义的;失掉了自己的同盟,这是不明智的;用混乱代替统一,这是不勇武的。我们还是回去吧!"之后,晋国的军队也撤离了郑国。

【知识链接】

(一)秦穆公简介

秦穆公(—前621),嬴姓,名任好,是春秋时期秦国的国君,统治秦国三十九年(前659年—前621年),使秦国成为春秋五霸之一。百里奚、蹇叔、丕豹、公孙支等人成为了他治理秦国的贤臣。在他的帮助下,重耳得以回到晋国继承王位,在此之后也多受他的恩惠。到周襄王时,秦穆公不断扩张疆域,蜀国和其他位于函谷关以西的国家成为了秦国疆土的一部分,遂称霸西戎。关于秦穆公重视人才的轶事也有很多记载。

中华国学阅读

（二）秦穆公轶事典故

九方皋相马

秦国之初，只是一个小小的部落，后成为他国的附属国，到秦穆公时国力才有所增强。秦穆公励精图治，一心想成就霸业，但苦于身边没有贤能之人辅佐，于是，便想尽办法来招揽天下贤士。

一天，秦穆公召见了善于相马的伯乐，问道："你的年纪越来越大，不知道你的子孙中是否有人继承了你相马的本领？"

伯乐叹气道："大王，说起来惭愧，我的子孙当中没有一个人能赶得上我。但是，我有一个叫九方皋好朋友，他的相马本领很高，你可以找他来试一试。"

随后，秦穆公便将九方皋召来，并让他寻一匹好马。三天过去了，九方皋兴高采烈地跑回来说已经寻到了一匹好马。

穆公高兴地问："是一匹什么样的马？"

九方皋答："是一匹黄色的母马。"

秦穆公命人把马牵来，却发现是一匹黑色的公马，感觉十分诧异，便对伯乐说："您推荐的人连马的颜色以及雌雄都分不清，这让我如何相信他是一位会相马的人呢？"

伯乐说："大王有所不知，会相马的人一眼就能看出马的内在好坏，至于马的颜色、雌雄都不会对马的品质产生影响。所以，我的好朋友就把颜色和雌雄忽略了，或许，他根本就没有想这些。"

秦穆公仍半信半疑，便找人去试了一试，果然是匹天下无双的好马。秦穆公受到此事的启发，在以后的招纳人才时更侧重个人能力。

秦穆公亡马

秦穆公爱马，便在岐山盖了一座王室的牧场，专门饲养各种各样的宝马。有一天，有几匹宝马突然逃离了牧场，牧马的官员怕受到连累，便命令手下火速寻找。福无双至，祸不单行，当官吏找到马时，却发现这些宝马被山下附近的村民吃掉了，牧官为了能够推卸责任，便将这里的村民交给秦穆公定夺。牧官说："这些乡民私自宰杀饲养的宝马，理应判处他们死刑。"

秦穆公听了事情的原委，笑着说道："我听说光吃骏马肉却不喝酒，会死人的。"于是便命人赏给这些村民酒喝。喝完酒后，秦穆公便让这些村民离开了。村民见秦穆公不但没有杀他们，反而赏赐他们酒喝，内心无比的羞愧，便暗下决心，一定要报答秦穆公的不杀之恩。

过了几年，秦穆公与晋惠公交战，平日屡战屡胜的秦穆公却在此次战役中失利，被团团围住，眼看就要被消灭掉了。正在秦穆公绝望之时，敌军的一角被打开了一道口子，冲进来一队人马，与秦穆公共同作战，将晋国的军队赶走，保护秦穆公脱离了险境。

到达了安全的地方，秦穆公问他们是哪里的部队，为何会如此帮助他。

他们回答说："我们就是前些年吃了您的宝马，却被赦免死罪的农民。"为了报恩，这些乡民拿起武器，如正规军队的将士一样勇敢，为此，秦穆公才得以获救。

《左传》典籍

羊皮换贤

秦穆公五年,秦、晋两国交好,秦穆公派公子絷到晋国求亲。当年晋献公在灭掉虞国后,并没有一举歼灭虞国的国君以及一些重要的大臣。

百里奚虽身为虞国的亡国大夫,因才华十分出众,深得晋献公赏识,晋献公多次派人游说,想招揽他出任晋国大臣,但却遭到了他的严词拒绝。后来,有大臣向晋献公进言说:"百里奚在晋国已起不到什么作用,不如把他作为陪嫁的仆人送到秦国去。"

百里奚在去往秦国的途中偷偷地逃走了。

秦穆公和晋献公的女儿完婚之后,却发现在陪嫁的奴仆中,少了一个叫百里奚的人,便问公子絷缘由。公子絷说:"一个奴仆,跑了就跑了,没什么大惊小怪的。"

此时,一个叫公孙枝的武士走了出来,将百里奚向秦穆公介绍了一番,秦穆公听后,认为百里奚是一个难得的人才,便一心想要找到百里奚。

百里奚慌乱中逃到了楚国边境,本以为逃脱了魔掌,没想到却又被楚国当成奸细抓了起来。

百里奚说:"我本是虞国人,靠给有钱人家放牛为生,在国家灭亡之时我趁机逃了出来,才算保住了一条性命。"

楚兵见这个六七十岁的老头子,看起来老老实实的,不像是个奸细,便把他留下,让他放牛。

百里奚的确很会放牛,将牛养的肥肥胖胖的,于是人们称他为"放牛大王"。楚国的国君知道后,便让百里奚到南海去放马。

皇天不负有心人，秦穆公终于打听到了百里奚的下落，于是便准备了一份大礼，请求楚王将百里奚送到秦国来。

公孙枝说："切不可用重礼去换百里奚啊！楚国国君之所以让百里奚看马，是因为他们不知道百里奚是一个贤能之士。如今你拿重礼去换百里奚，不就是在告诉楚王他是个人才吗？你想，如果是你，你会放百里奚回来吗？"

秦穆公问："那你说说怎样弄他回来？"

公孙枝答道："按照一般奴仆的价钱，五张羊皮即可。"

于是，秦国使者来到楚国，对楚王说："我们有个仆人叫百里奚，在秦国作恶后便逃走了，如今打听到他藏匿在贵国，希望今天能把他带回秦国。"说完，便拿出了五张上等的羊皮。

楚王一听，便欣然应允了。

秦穆公亲自召见百里奚，却发现是一个六七十岁的老头，不禁脱口而出："可惜啊，年纪太大了。"

百里奚说："大王，如果你让我追天上的飞鸟，捕捉猛兽，我确实有点老；但要是和你一起商讨国家大事，我还不算老呢。"

秦穆公马上意识到自己言语过失，遂以诚恳的态度请教百里奚说："我虽有宏图大志，却不知怎样使秦国强大，如今您有什么办法能帮我实现这个愿望呢？"

百里奚说："秦国虽在边陲地区，看似离富饶之地甚远，但我们的地势险要，兵强马壮，进可以攻，退利于守，是他国比不上的，所以，我们要充分利用自己有利的条件，乘机而进。"

秦穆公听了，觉得百里奚的确是个人才，就要封他为上卿，治理国事。谁知百里却摇头说："臣的才能远不及臣的朋友蹇叔，他一定不负大王的期望，您还是封他为上卿吧！"

秦穆公一听，居然还有比百里奚更加能干的人，立刻派人到蹇叔隐居的地方请他出山。

蹇叔与百里奚是至交，对百里奚的为人很是了解，他深知百里奚的忧虑，为此，他愿意放弃恬静的生活来到秦国。秦穆公见到隐居多时的蹇叔很是高兴，并对他说："百里奚多次向我举荐你，现在我想听听你对如何使秦国强大有什么好的建议。"

蹇叔说："秦国之所以还不是强国，是因为威德不够。"

秦穆公说："那么怎样才能做到呢？"

蹇叔说："治法一定要严明，这样别的国家才不敢欺负您；对待自己的百姓一定要宽容，这样人民才会拥护您。要想国家强盛，必须以礼教化世人，贵贱分明，赏罚公正，不能贪得无厌，也不能过于急躁。我现在看许多强国已经走向衰退，若秦国能在此时一步一步富强起来，那么称霸的日子就不远了。"

听了蹇叔的一番话，秦穆公已深知蹇叔的才能，便任命百里奚和蹇叔为左、右庶长，称为"二相"。

由于百里奚是用五张羊皮交换回来的，所以人们称其为"五羖大夫"。

之后，蹇叔的儿子西乞术、白乙丙也都是经百里奚举荐后得到秦穆公的重用。

后来，百里奚的儿子孟明也投奔到秦国，与其父亲共同辅助秦王，并被秦穆公拜为将军。

从此，五张羊皮换来五位贤人的故事，便口口相传下来。

子鱼论战

【经典原貌】

楚人伐宋以救郑。宋公将战，大司马固谏曰："天之弃商久矣，君将兴之，弗可赦也已。"弗听。及楚人战于泓。

宋人既成列，楚人未既济。司马曰："彼众我寡，及其未既济也，请击之。"公曰："不可。"既济而未成列，又以告。公曰："未可。"既陈而后击之，宋师败绩。公伤股，门官歼焉。

国人皆咎公。公曰："君子不重伤，不禽二毛。古之为军也，不以阻隘也。寡人虽亡国之余，不鼓不成列。"

子鱼曰："君未知战。勍敌之人，隘而不列，天赞我也。阻而鼓之，不亦可乎？犹有惧焉。且今之勍者，皆吾敌也。虽及胡耇，获则取之，何有于二毛？明耻教战，求杀敌也。伤未及死，如何勿重？若爱重伤，则如勿伤；爱其二毛，则如服焉。三军以利用也，金鼓以声气也。利而用之，阻隘可也；声盛致志，鼓儳可也。"

【注析品读】

楚国为救郑国而攻打宋国。宋襄公想要迎战，大司马子鱼劝道："上天抛弃商朝已经很久了，国君却想再度让他兴盛，这是不被上苍宽赦原谅

第57页

的。"襄公不听,与楚军在泓水交战。

宋军已经摆好阵势,楚军还没渡过河。司马子鱼说:"敌众我寡,趁他们还没完全渡过河,赶快下令进攻。"襄公说:"不可以。"楚军渡过河水,但部队还没有做好迎战的准备,司马子鱼又进谏襄公立即向楚军进攻,襄公说:"还是不行。"等到楚军也摆好阵势了,襄公才下令进攻,宋军大败。襄公伤了大腿,卫士全部战死。

襄公打了败仗,国人对他多有怨言。襄公对此解释道:"对于已经受伤的人,君子则不会再去伤害他,而两鬓斑白的人,也不会俘虏他们。古时候指挥打仗,不凭借地势险要攻打处在劣势的敌人。我虽是亡国者的后代,也不会进攻还没列好阵的敌人。"

子鱼说道:"君王您不知道什么是战争啊!面对强大的敌人,正好他们处在险隘的地势,不能列阵,这是天助我也。趁他受阻而进攻,又有什么不可以的?这样还怕打不赢呢。而且只要是有攻击力的人,就都是我们的敌人,管他受伤还是老人。就算是老人,抓住了就俘虏,有什么可怜的?我们教育士兵明白耻辱去打仗,就是让他们杀敌呀。受了伤却没死,为什么不能再伤?若要爱惜而不再伤害他们,不如一开始就不要伤害;要是怜悯上年纪的敌人,不如一开始就认输不打了。军队就是在有利作战的时机才使用的,鸣金击鼓就是凭借声音调整士气的。时机对我有利就要打,险隘当然可以利用;鼓声宏大鼓舞士气,我方士气大振,敌人还没列阵,这正是进攻的时机啊,有什么不可以打的。"

【知识链接】

齐桓公在葵丘会盟上把齐孝公托付给宋襄公,大概就有意让宋襄公继续齐国的霸业。齐桓公死后,齐国发生内乱,桓公立的太子昭逃到宋国,宋襄公召集诸侯讨伐叛乱,护送公子昭回国继承君位。之后宋襄公仿效齐桓公发起会盟,重申诸侯共扶周天子,齐、楚两大国也在盟书上签字了,等于承认了宋襄公的盟主地位。

宋国虽是小国,却是周王册封的公爵,齐、楚国大,只是侯爵和子爵。当初周文王三分天下有其二,仍奉商纣王为天子。武王伐纣后分封诸侯,周王直接管辖的地域只有京城及周边地区,但是号令天下,莫敢不从。直到周幽王烽火戏诸侯,周王才威严扫地,所以齐桓公是以"尊王攘夷"为号召,才成为春秋时期第一个霸主。那么,宋襄公在讲礼乐的周朝能成为霸主也没什么奇怪的,可是生不逢时,春秋已经是实力至上了。孟子说:"以力假仁者霸,霸必有大国。"就是有了实力再凭借仁义之名去号召征伐才可以称霸。要是有秦始皇的实力,再配上他的仁义,那才是真的无敌。

中华国学阅读

宋及楚平

【经典原貌】

宋人使乐婴告急于晋,晋侯欲救之。伯宗曰:"不可,古人有言曰:'虽鞭之长,不及马腹。'天方授楚,未可与争。虽晋之强,能违天乎?谚曰:'高下在心。'川泽纳污,山薮藏疾,瑾瑜匿瑕,国君含垢,天之道也。君其待之。"乃止。

使解扬如宋,使无降楚,曰:"晋师悉起,将至矣。"郑人囚而献诸楚。楚子厚赂之,使反其言。不许。三而许之。登诸楼车,使呼宋人而告之,遂致其君命。楚子将杀之,使与之言曰:"尔既许不谷,而反之,何故?非我无信,女则弃之,速即尔刑!"对曰:"臣闻之:君能制命为义,臣能承命为信,信载义而行之为利。谋不失利,以卫社稷,民之主也。义无二信,信无二命。君子赂臣,不知命也。受命以出,有死无,又叮赂乎?臣之许君,以成命也。死而成命,臣之禄也。寡君有信臣,下臣获考死,又何求?"楚子舍之以归。

夏五月,楚师将去宋,申犀稽首于王之马前曰:"毋畏知死而不敢废王命,王弃言焉!"王不能答。申叔时仆,曰:"筑室,反耕者,宋必听命。"从之。宋人惧,使华元夜人楚师,登子反之床,起之,曰:"寡君使元以病告,曰:'敝邑易子而食,析骸以爨。虽然,城下之盟",有以国毙,不能从也。去我三十里,唯命是听。'"子反惧,与之盟而告王。退三十里,宋及楚平。华元为质。盟曰:"我无尔诈,尔无我虞。"

——节选自《左传·宣公十五年》

宋国遭围困，乐婴被派往晋国请求援助，晋景公想救宋国于危难之时，晋国大夫伯宗劝阻说："您千万不能出兵，鞭长莫及。此刻楚国正得到上天的眷顾，任何国家都难与它相争斗啊。晋国虽然很强盛，但是也不能违背天意啊？而且做人要能伸能屈，做到心中有数。河流湖泊尚且能够容纳污秽的河水和赃物，草木丛生的湖沼地带也有害人的毒蛇猛兽，美玉上面也会有隐藏的斑点，这样看来，国君含耻忍辱，也符合天下已有的道义，君王还是静观其变为好。"晋景公听到大夫伯宗的话后，十分认同伯宗的话语，便停止了出兵。

在自己的大臣中仔细地比较了一番之后，晋国国君最终决定任命解扬为使者，派他出使宋国。晋景公对解扬说："你到了宋国之后，告诉宋国的国君千万别向楚国投降，你要告诉他，我们晋国的军队已经出发，很快就能赶来帮助宋国，一起打败楚国，请他再坚持一下。"

解扬怀揣着晋景公的任命向宋国赶去，但是在路过郑国的时候，郑国人显然认识解扬，将他扣留在了郑国。很快，解扬便被人押送楚国，交给楚庄王决定。

楚庄王对于解扬很看重，想要用重礼收买他，楚庄王对解扬说："只要你答应我的要求，对宋国人说相反的话，也就是告诉宋国国君，晋国不会派兵过来了，让宋国放弃无谓的抵抗吧，否则我是不会放你回去的！"

解扬一开始并没有答应楚庄王的游说，但是楚庄王也没有放弃自己的坚持，在楚庄王看来，解扬的一句话就足以让楚国不费一兵一卒不战而胜，

这样的胜利正是自己所期盼的。在楚庄王再三的利诱下,解扬终于答应了他的请求。

很快,解扬被楚庄王押解到了楚宋两国的前线战场,楚庄王让解扬登上楼车,让他对宋人喊话说晋国不会派军队来救宋国了。当解扬登上楼车的时候,他大声地对宋国阵地喊道:"你们千万别放弃抵抗,我们晋国的国军已经派出支援你们的军队,很快便能赶到这里。"

听到解扬的喊话后,楚庄王恼羞不已,恨不得将解扬碎尸万段。当解扬被重新押解到楚庄王面前时,楚庄王黑着脸向他质问道:"解扬,你既然答应了我,却又违背了诺言,你这是失信于人。你告诉我是什么原因让你作出这个决定的? 我本来打算放你回晋国的,但是现在并不是我不讲信誉,而是你自己主动丢弃了信誉,你应该接受到应有的惩罚。"说完,楚庄王便命人要将解扬拖出去杀掉。

解扬回答道:"我曾经听说过,国君能够制定正确的命令就是义,臣子能够奉行国君的命令便是信,信承载着义,而推行就叫利。设计计谋和规划的时候,不能丢掉利益,要用这些计谋和规划来捍卫国家,这才是百姓的主人。您收买了我,就是您不懂得"信无二命"的道理。我奉国君的命令出使宋国,早已将生死置之度外,又岂是钱财可以动摇的? 我之所以答应您的游说,只是为

了完成我自己的使命而已。现在我的使命已经完成了，即使死了也是我的福分。我们国君有我这样的诚信的臣子，而这样的臣子又能够出色的完成使命，还有什么可求的呢？"

解扬的成功说服了楚庄王，楚庄王放出解扬，让他回晋国。

转眼之间，已经到了夏天五月，楚庄王见到部队不能够在取得什么战果了，便想要让军队撤离宋国，毕竟军队每天都要消耗不少的粮草。申犀在楚庄王的马前说道："我们明知会死，但不敢背弃君王的命令，现在君王您背弃了诺言。"他这么说的意思非常明显，就是说我们并不怕死，但是我们不敢违背您的命令，但是现在您自己却违背了当初打败宋国，让宋国臣服的命令。

楚庄王听后十分尴尬，不知道该如何回答。这时，为楚庄王驾车的大臣申叔时却说："我们在这里修建房屋，并且把那些种田的人都叫回来，到时候宋国一定认为我准备长期驻扎在这里，已经决心彻底消灭宋国，到时候宋国一定会听从您的命令，向您臣服的。"

楚庄王听到申叔时的话后，面露喜色，便按照申叔时的计划开始执行。果然，楚庄王的一系列行径吓坏了宋国人，宋国人连忙派华元趁夜潜入了楚军的营地，并且对子反说道："我们国君派我过来把宋国的困难告诉你，我们已经把那些作为交换的孩子杀掉了，并且劈开了他们的尸骨，用这些尸骨烧火做饭，就是为了表明一个决心，那就是即使楚军兵临城下，就算是让宋国灭亡我们也不能答应。但是，如果楚王肯撤离我们这里三十里，使得楚国和宋国两军不至于这么紧张，我们宋国会听命于楚王的。"

对于华元的话语,子反没法做出决定,他只能报告给楚庄王。楚庄王听到子反的话后,顿时喜上眉梢,他所一直期盼的事情终于达成了。很快,楚庄王下令退守三十里,宋、楚两国得到和缓,华元作为人质开始撮合两国和谈,在他的努力下,两国立下盟约:"我不欺诈你,你也不能欺骗我。"

【知识链接】

从这则故事中,我们联想到一个成语"尔虞我诈"。但在特定的历史背景下,宋国与楚国,同样也包括晋国在内,他们之间并没有真正的做到"尔不虞,我不诈",只是为自己树立了一个遵守道义的幌子而已。

文章中的晋景公对宋国的谎言,宋国人对楚国的谎言,都是尔虞我诈的表现,他们的目的都是在为自己谋取利益。由于当时独特的历史背景环境,诸侯割据,纷争不断,如果一个国家都信守承诺,也就没有那么多后来的战争发生,也就没有了后来秦国崛起的机会。正如一些历史学家评论的那样,"纵观春秋之战,都是无义之战",都是各个国家之间为了利益纷争进行的战争。

在春秋这一时期,我们不难发现,外交手段、外交辞令、结盟修好、联姻等手段层出不穷,这些手段很多都是欺诈的一种手段。无论说客们说得多么冠冕堂皇,给出的利益多么令人垂涎欲滴,但是他们给出的理由和利益,很可能转眼间便如同垃圾一样,扔进了垃圾桶中。整个春秋时期,"诚信"二字出现的频率非常高,但是那些国君中又有几个人真正做到了"诚信"呢!

21世纪是信息通信的时代,手机、电脑、互联网等高科技的通讯手段的出现,将地球缩小成了一个"地球村"。互联网的出现为人们的生活提供了极大的便利，但是也由此产生了很多的问题。

互联网是一个虚拟的网络，是一个虚拟的世界，在这个世界里你可以不需要真实的身份，你可以任意改变自己的言行、举止和行为，也正是因为这种独特的虚拟属性，使得不法分子得以更好的隐藏，互联网成为了不法分子进行诈骗活动的主要场所，互联网犯罪在所有犯罪事件中占的比例日渐提升。因此，我们必须时刻提高自己的警惕，牢牢记住一点："天上不会掉馅饼"。凡事多留一个心眼儿并没有错，谨防骗子们的花言巧语。

诚然，现在社会中不乏一些尔虞我诈的事情发生，但是我们并不能因噎废食。纵观古今，尔虞我诈的事情从未间断过，或是发生于高高的庙堂之上，或是发生于市井之间，可谓避无可避，所以，我们只能靠不断地提高自身的素质修养，用智慧战胜一切，识别骗局，才能走得更远、更稳。

《左传》

典

籍

第三章

《资治通鉴》

第一节 《资治通鉴》简介、成书背景及作者介绍

一、《资治通鉴》简介

《资治通鉴》是我国第一部编年体通史,以时间为"纲",以事为"目"。该书的主要内容以政治、军事和民族关系为主,另有经济、文化和历史人物评价等,通过对历史事件的描述以及历史格局,给人以启迪。宋神宗认为该书"鉴于往事,有资于治道",故钦赐"资治通鉴"一名。

全书 300 多万字,共 294 卷,记载了公元前 403 年到公元 959 年之间的历史,即周威烈王二十三年到五代的后周世宗显德六年为止。作者以"为君亲政,贤明之道"为出发点和归宿,"删削冗长,举撮机要,专取国家盛衰,系生民休戚,善可为法,恶可为戒者,为编年一书,使先后有伦,精粗不杂。"将这期间的 1300 多年的历史,详略得当。其中,史料价值最高的当属隋唐五代 371 年历史,约占全书内容的 40%。作者着重渲染贤明政治时期,比如

文景之治,贞观之治等。

　　该书的主要内容有:《周纪》,五卷;《秦纪》,三卷:《周纪》与《秦纪》原为《通志》卷;《汉纪》,六十卷;《魏纪》,十卷;《晋纪》,四十卷。;《宋纪》,十六卷。;《齐纪》,十卷。;《梁纪》,二十二卷;《陈纪》,十卷;《隋纪》,八卷;《唐纪》,内容最多,八十一卷;《后梁纪》,六卷;《后唐纪》,八卷;《后晋纪》,六卷;《后汉纪》,四卷;《后周纪》,五卷。

二、成书背景

　　《资治通鉴》这部著名的历史著作,历来为世人所推崇。北宋时代,政治、经济以及文化有了一定程度的发展,但与此同时,内政弊端颇多,积贫积弱,政局不稳。这是一个具有强大生命力的时代,前进的时代,又是一个苦闷的时代,贫弱的时代。

　　当时,无论是君主将相、有识之士,还是平民百姓,都在寻找生活的出路。有人主张"柔道"治国,即坚持祖宗理法;有人主张改革变法;还有的迫于无奈,扬旗起义。具有文化知识和深刻思想的人们,尤其是一些历史学家,比如欧阳修、司马光、范祖禹等,站在历史的高度,反思现实,希望通过总结历史经验教训,来解决现实存在的问题。其中,司马光主编的《资治通鉴》,最具代表性。

《资治通鉴》

典籍

中华国学阅读

三、作者介绍

司马光(公元 1019 年—公元 1086 年),原字公实,后改君实,原号迁夫,后改迂叟,北宋陕州夏县涑水乡人,世称"涑水先生",自幼聪敏好学,尤对《春秋左氏传》偏爱有加。

宋仁宗宝元元年(公元 1038 年)间,司马光 20 岁,中进士甲科;宋英宗继位之前,任谏议大夫;宋神宗熙宁初年,任翰林学士、御史中丞。

宋神宗熙宁三年,王安石实行变法,司马光竭力反对,后来,出知永兴军。第二年,判西京御史台,在洛阳生活 15 年,潜心编撰《资治通鉴》。元丰八年,司马光担任尚书左仆射兼门下侍郎,开始主持朝政,废除王安石实施的一系列新政。数月之后,与世长辞。皇帝追赠其为太师,温国公,谥文正。著作皆收录在《司马文正公集》中。

司马光一生,颇为诚信,这与其父对其实行的"诚信教育"有着莫大的关系。大约在五六岁时,一次,他想将胡桃的皮去掉,可怎样都做不到,姐姐来帮忙,也去不掉,姐姐便走了。后来,家中的一丫鬟用热汤帮助他把胡桃的皮去掉了。姐姐回来,问及此事,司马光骗她说是自己做的。父亲听说后,把他叫道跟前,训斥到:"小孩子怎敢说谎!"从此以后,司马光再也没有说过谎。长大之后,他还将此事写在纸上,以时刻鞭策自己。直到去世,司马光都没有说过谎话。后人评价司马光说:"温国公一生,至诚不欺。"

司马光自幼聪颖,遇事沉着冷静。一次,司马光与小伙伴在花园中玩耍,一个小伙伴不慎掉到一口大缸中。缸大水深,其他孩子都哭喊着去找大人。司马光灵机一动,捡起一块石头,砸向水缸。"砰"的一声,水缸坏了,水流出来,孩子得救了。年幼的司马光因这件事出了名,很多文人雅士还将这件事绘成了图画。

政治主张上,他反对新法,与王安石发生了严重的分歧。但他的反对并不是针对王安石个人,他所做的一切都是为了国家,因此二人的根本目标可谓是一致的,只不过在具体措施上各有偏见而已。王安石主张通过大刀阔斧的经济、军事改革,来解决国家的困顿。此举具有立竿见影的效果,但是这种大刀阔斧的改革肯定会为国家埋下各种隐患。司马光则认为,应在坚持原有制度的基础上,进行伦理纲常的整顿,即使改革,也要稳妥,因为"大坏而更改,非得良匠美材不成,今二者皆无,臣恐风雨之不庇也"。后来,王安石新法中出现的诸多问题,甚至新法的失败,皆证明了司马光稳健观点的正确性。

司马光的一生,主要做了两件大事,编写《资治通鉴》和反对新法。需要强调的是,司马光与王安石在政见上虽有分歧,但二人都是一心为国,心系百姓的真君子,绝不是贪图私利的小人。不然,与司马光敌对的王安石也不会发出"司马君实,君子人也"这样的慨叹。一个令政敌都称赞的人,其品行可见一斑!

或许是因为出身史学世家的关系,司马光对政治的理解远比王安石深刻。在人们为变法争得头破血流之时,司马光道出了这样的见解,"介甫(王安石)无它,唯执拗耳"。可以说,这一观点凝聚了他对王安石一生的看法。

具有高度政治洞察力的司马光,觉察到王安石变法诸多弊端,但限于历史条件,他未能做出精确的阐述。在神宗面前,司马光不断与王安石进行

《资治通鉴》

典籍

争辩，但因缺乏现代经济理论，司马光最终无法拿出有力证据，最终只有"不妥"二字。结果，神宗大怒，以为他无理取闹，司马光只得远离京都。

在与对手的争斗中，司马光暂时失败，选择了退让，但他从没有伺机报复的念头。即使是在时局对王安石不利的情况下，司马光也没有选择落井下石。

事实上，司马光并不反对王安石的新法，他赞同一切有利于国家的改革，只不过王安石那种急功近利的改革方式令他颇为反感。在他看来，变法可以，但一切都应循序渐进地进行，也就是要稳中求实，任何立竿见影的事，都会带来意想不到的后果。以青苗法举例来说，他认为这样会加深地方官员的腐败程度，他们会趁机增加高利贷利息，从而使农民的负担加重。很多糟糕的后果被司马光言中，着实令人感到遗憾。后来，大量事实证明，很多官员怀揣私欲，使新法背离了初衷，使得百姓的肩上的重担增加了分量。

司马光的主要成就是在学术方面。他著述甚多，其中最为突出的贡献，当属主持编写了《资治通鉴》。他将一生大部分精力都付诸在《资治通鉴》上，费时19年。在《进资治通鉴表》中，他曾说道："日力不足，继之以夜"，"精力尽于此书"。除《资治通鉴》外，还著有《通鉴举要历》八十卷。

此外，他还研究了文学、经学、哲学以及医学方面的知识，并立书成说，代表作有《翰林诗草》、《凉水纪闻》、《医问》、《易说》、《注太玄经》、《注扬子》、《游山行记》、《续诗治》、《司马文正公集》等。

在历史上，司马光被奉为儒家三圣之一。

第二节 《资治通鉴》中主要作品阅读赏析

明法治国

【经典原貌】

臣光曰：臣闻天子之职莫大于礼，礼莫大于分，分莫大于名。何谓礼？纪纲是也。何谓分？君、臣是也。何谓名？公、侯、卿、大夫是也。

夫以四海之广，兆民之众，受制于一人，虽有绝伦之力，高世之智，莫不奔走而服役者，岂非以礼为之纪纲哉！是故天子统三公，三公率诸侯，诸侯制卿大夫，卿大夫治士庶人。贵以临贱，贱以承贵。上之使下犹心腹之运手足，根本之制支叶，下之事上犹手足之卫心腹，支叶之庇本根，然后能上下相保而国家治安。故曰天子之职莫大于礼也。

……

呜呼！幽、厉失德，周道日衰，纲纪散坏，下陵上替，诸侯专征，大夫擅政，礼之大体什丧七八矣，然文、武之祀犹绵绵相属者，盖以周之子孙尚能守其名分故也。何以言之？昔晋文公有大功于王室，请隧于襄王，襄王不许，曰："王章也。未有代德而有二王，亦叔父之所恶也。不然，叔父有地而隧，又何请焉！"文公于是惧而不能违。是故以周之地则不大于曹、滕，以周之民则不众于邾、莒，然历数百年，宗主天下，虽以晋、楚、齐、秦之强不敢加者，何哉？徒以名分尚存故也。至于季氏之于鲁，田常之于齐，白公之于楚，智伯之于晋，其势皆足以逐君而自为，然而卒不敢者，岂其力不足而心不忍哉，乃畏奸名犯分而天下共诛之也。今晋大夫暴蔑其君，剖分晋国，天子既不能讨，又宠秩之，使列于诸侯，是区区之名分复不能守而并弃之也。先王之礼于斯尽矣！

——节选自《资治通鉴·第一卷·周纪一》

【注析品读】

司马光说：臣听说天子所履行的职责没有超越礼，礼没有超越分，而分亦没有超越名。那么，什么是礼呢？法律、纲常便是礼。什么是分呢？君与臣便是一种权利和地位的区分。什么是名呢？就是公、侯、卿、大夫等官爵。

广阔的疆域，亿万的民众，都由天子一人来治理。即使是才能超群、绝顶聪慧的人，也要根据天子的旨令而奔走服务，这难道不是礼纪朝纲在起作用吗？因此，天子统率三公，赋予他们一定的权利；三公监督诸侯国君；诸侯国君管制卿、大夫官员；卿、大夫官员管制黎民百姓。统治阶级支配百姓，百姓遵从王权。上层统率下层，就好比人的心腹控制四肢一样，也如同树木的根和枝干控制树叶一样；下层遵从上层，如同人的四肢保卫心腹，树木的枝和叶生发于根和干，只有上层和下层相互保护、相互扶持，才能使得国家稳定，长治久安。由此可见，在天子的职责中，维护礼教应当是重中之重。

……

哎！周幽王、周厉王品行败坏，使周朝的气数提前走到尽头。礼纪朝纲濒临瓦解；下层欺凌上层，上层懦弱衰败；诸侯国君肆意发动战争；士大夫不能安分守己，擅自干政；从整体上来说，礼教已经破败不堪了。

然而，周文王、周武王开创的政权却能在这种环境中延续得如此之久，就是因为他们的子孙后代依然能守定名位。

为何这样说呢？当年，晋文公为周朝立下了卓越的功绩，便向周襄王请求允许他死后按照王室的礼制下葬，但是周襄王回绝了他，说道："我朝等级制度严明，未经改朝换代而有两个天子，这是绝对不可能的事，况且叔父您不也反对这样做吗？否则，叔父您大可在自己的封地内隧葬，又何必来请示我呢？"

晋文公听后，深感畏惧，丝毫没敢违反礼制。所以，周王室的疆域并没有曹国、滕国的疆域广阔，管辖的臣民也没有邾国、莒国的多，然而经历数百年之后，这个不算强大的国家仍然是天下的宗主，即使像晋、楚、齐、秦那样的好战之国也不敢凌驾于其上。

为什么会这样呢？只因为周王还坚守天子的名分。再来看看鲁国的大夫季氏、齐国的田常、楚国的白公胜、晋国的智伯，以他们的实力，完全可以驱逐国君，自立为王，然而至今没有这样做，难道是他们于心不忍吗？当然不是，他们只不过害怕得来一个奸夺名位的名声，并落得一个被天下讨伐的下场罢了。而今，晋国的三家大夫欺凌国君，对国君不屑一顾。身为天子的周王，不但没有对他们进行讨伐，反而进

《资治通鉴》

典籍

行加封,使得他们的地位与诸侯国君不相上下。这样一来,周王朝等于将仅有的一点名分也放弃了,周王朝的礼教到此丧失干净!

【知识链接】

礼教:古代帝王为维护统治阶级利益和社会秩序而倡导的一套等级和社会道德观。

清代学者凌廷堪曾经说过:"上古圣王所以治民者,后世圣贤之所以教民者,一礼字而已"。意思是说,上古时期,贤明的君王治理他们的百姓,而后传承到后世贤明的人教化他们的人民,靠一个礼字便可以做得很好。

圣王治世的最终目的,是建立大同世界。圣贤教育百姓,是为了让百姓懂礼和遵礼。凌廷堪的观点,十分精到。太古时期,人类常常与野兽为伍,为了使人们懂得自身与禽兽的区别,故圣人起来,"为礼以教人,使人以有礼",制定了"礼"来教育人们。从而,人类自然而然地从野兽中脱离出来,走向了文明。

1919 年 11 月 1 日,吴虞在《新青年》上发表了一篇名为"吃人与礼教"的文章,他说道:"如今,我们明白了,吃人的就是讲礼教的!讲礼教的就是吃人的啊!"在此后的近百年中,"礼"不断被人们所唾弃,"积毁销骨,众口铄金",终于,礼教变成了无人不知、无人不晓得反义词。

中国素有"礼仪之邦"的美誉,如果吴虞的观点成立的话,那么中华几千年的历史就是一部吃人的历史,如此野蛮的国家,怎么会被世人冠以"文明古国"的头衔? 所以,对"礼"的认识,乃是对中华文明的基本态度,我们一定要深刻地对其加以辨识。

德才之论

【经典原貌】

臣光曰：智伯之亡也，才胜德也。夫才与德异，而世俗莫之能辨，通谓之贤，此其所以失人也。夫聪察强毅之谓才，正直中和之谓德。才者，德之资也；德者，才之帅也。

云梦之竹，天下之劲也；然而不矫揉，不羽括，则不能以入坚。棠之金，天下之利也；然而不熔范，不砥砺，则不能以击强。是故才德全尽谓之"圣人"，才德兼亡谓之"愚人"；德胜才谓之"君子"，才胜德谓之"小人"。

凡取人之术，苟不得圣人、君子而与之，与其得小人，不若得愚人。何则？君子挟才以为善，小人挟才以为恶。挟才以为善者，善无不至矣；挟才以为恶者，恶亦无不至矣。愚者虽欲为不善，智不能周，力不能胜，譬如乳狗搏人，人得而制之。小人智足以遂其奸，勇足以决其暴，是虎而翼者也，其为害岂不多哉！

夫德者人之所严，而才者人之所爱；爱者易亲，严者易疏，是以察者多蔽于才而遗于德。

自古昔以来，国之乱臣，家之败子，才有馀而德不足，以至于颠覆者多矣，岂特智伯哉！故为国为家者苟能审于才德之分而知所先后，又何失人之足患哉！

——节选自《资治通鉴·第一卷·周纪一》

中华国学阅读

【注析品读】

　　臣司马光曰：智伯的灭亡，是因为其才胜过德。才能与品德是两件不同的事，然而，世俗之人往往难以将二者分清，统一将它们概括为贤明，于是就看错了人。实际上，我们所说的"才"，是指聪明、明断、坚强、刚毅；所谓"德"，是指正直、道义、平和待人。才，是德的辅助；德，是才的统帅。

　　云梦地区出产的竹子，以刚劲闻名遐迩，然而，当竹子长势有弯曲之处不去矫正，做成利箭不配上羽毛，那么，就不会成为穿透物体的利器。棠地方锻造的铜材，以精利著称，然而，不经过千锤百炼，不锻打出锋，就无法作为击穿铠甲的兵器。因此，德才兼具的人被称之为圣人；德才两者皆无的人被称之为愚人；德远胜于才的人为君子；才赶超过德的人为小人。

　　在挑选人才的时候，如果找不到圣人、君子来担当重任的话，那么宁可挑选愚人，也不要找来小人。为什么这样说呢？因为君子会将其才能应用到善事上；而小人会将其拥有的才能应用到作恶之上。君子用自己的才能来做善事，小人则凭借所拥有的才干去做恶事。拥有才而行善的人，善行将传播到很远，而凭借才作恶的人，他们的恶行将没有止境。愚人即使想要作恶，也会因为智慧缺乏、力量不足而难以为所欲为，恰如小狗扑人，人是可以将其制服的。而小人既有阴险的计谋，又有足够的力量来为非作歹，恰如恶虎生翼，其危害之大，是一般人难以制服的！

　　有德行的人往往受人尊敬、礼遇，有才的人招人喜爱；人们往往对有才的人投注更多的关注，而忽略了有德行的人。因此，统治者在挑选人才时，常常会被一个人的才干而蒙蔽，而忽略了他的品德。

古往今来,国家的奸佞之臣,家族的败家浪子,皆因才能胜过品德而导致国、家覆亡,这样的人太多了,又何止智瑶一个人呢！所以,治国治家者,若是能明察秋毫,善于辨别才与德的不同标准,懂得选择的先后,又何必担心人才会流失呢！

【知识链接】

德:是指一个人的政治素质。这种素质决定于一个人的人生观、世界观和价值观。凡社会上存在的人文理念、道德素养以及一个人对事物的认知等,都可以通过德来权衡。

才:是指人所具有的一种对事物分析、解决以及处理的能力,所能体现它的层次有很多种。在实际工作中,具体表现为谋划能力、决策能力、沟通能力、指挥能力以及创新能力等。

荆轲刺秦

【经典原貌】

荆轲至咸阳,因王宠臣蒙嘉卑辞以求见;王大喜,朝服,设九宾而见之。荆轲奉图而进于王,图穷而匕首见,因把王袖而之;未至身,王惊起,袖绝。荆轲逐王,王环柱而走。群臣皆愕,卒起不意,尽失其度。而秦法,群臣侍殿上者不得操尺寸之兵,左右以手共搏之,且曰:"王负剑!"负剑,王遂拔以击荆轲,断其左股。荆轲废,乃引匕首王,中铜柱。自知事不就,骂曰:"事所以不成者,以欲生劫之,必得约契以报太子也!"遂体解荆轲以徇。王于是大怒,益发兵诣赵,就王翦以伐燕,与燕师、代师战于易水之西,大破之。

第77页

......

　　臣光曰：燕丹不胜一朝之忿以犯虎狼之秦，轻虑浅谋，挑怨速祸，使召公之庙不祀忽诸，罪孰大焉！而论者或谓之贤，岂不过哉！

　　夫为国家者，任官以才，立政以礼，怀民以仁，交邻以信；是以官得其人，政得其节，百姓怀其德，四邻亲其义。夫如是，则国家安如磐石，炽如焱火，触之者碎，犯之者焦，虽有强暴之国，尚何足畏哉！丹释此不为，顾以万乘之国，决匹夫之怒，逞盗贼之谋，功隳身戮，社稷为墟，不亦悲哉！

　　夫其膝行、蒲伏，非恭也；复言、重诺，非信也；糜金、散玉，非惠也；刿首、决腹，非勇也。要之，谋不远而动不义，其楚白公胜之流乎！

　　荆轲怀其豢养之私，不顾七族，欲以尺八匕首强燕而弱秦，不亦愚乎！故扬子论之，以要离为蛛蝥之靡，聂政为壮士之靡，荆轲为刺客之靡，皆不可谓之义。又曰："荆轲，君子盗诸。"善哉！

　　　　　　　　　　　　　——节选自《资治通鉴·第七卷·秦纪二》

【注析品读】

　　荆轲来到咸阳，通过秦王宠臣蒙嘉的引荐，以卑微的辞令来拜见秦王。秦王嬴政十分高兴，穿上朝会时才穿的礼服，隆重地接见了荆轲。荆轲手捧地图，献给秦王。当地图全部展开时，卷尾出现了匕首。刹那间，荆轲抓住秦王的衣袖，挥起匕首向秦王的胸口刺去。然而，就在荆轲快要刺到他的时候，秦王惊恐地一跃而起，并将袖袍挣断。秦王绕着大殿内的柱子奔跑躲避，荆轲锲而不舍，紧追秦王不放。事发突然，殿上的大臣们都惊恐得不知所措，失去了常态。秦国律法明确规定，群臣不得携带任何武器上殿朝拜君王，所以，大臣们只好徒手扑打荆轲，边打边喊："大王，快把剑推上背！"嬴政立即将剑推到背上，剑套倾斜，剑柄待握，迅速将剑拔出，回击荆轲。荆轲的左大腿被砍断。肢体残废的荆轲，无法再继续追杀秦王，便将匕首掷向铜柱附近的秦王，然而，匕首击中了铜柱。

荆轲知道行刺之事已经失败，大骂道："此事所以未能成功，只是想活捉你，强迫你订立契约，归还我们的土地，来报答燕太子的恩情！"荆轲被分尸。秦王嬴政愤怒之极，增派大量人马前往赵国，并随王翦的大军攻打燕国。秦国军队在易水以西与燕军、代军交战，结果，燕、代之兵大败。

……

臣司马光曰：燕太子丹不能忍受一时的愤恨，而激怒虎狼之国，做事之前欠缺考虑，目光短浅，而挑起怨恨，终至加速了国家灭亡，燕太子丹以一人之见便丧失了燕国，使燕国始祖所创下的基业就此中断，这是多么大的罪过呀！但有人却说他是德才兼备之人，这不是太荒唐了吗！

国家的统治者，应当任命有才能的担当重任，按照礼法制度来确立政策法规，以仁爱之心抚恤百姓，凭借信义来与邻邦结交。也就是说，官员由才能卓越的人来担任，政事的处理皆按照一定的章法，人心依照国君的德行来归顺，邻国因为他的信义而与之肝胆相照。只有这样，国家的根基才能固若磐石,整体力量才会炽如火焰,触犯它的一定会遭受粉碎性的毁灭,挨着它的一定被烧得面目全非。那么,即使有强暴的敌军来侵犯,又有什么值得害怕的呢? 太子丹没有走这条路,而是利用万辆战车去排遣个人心中的怨愤,炫耀盗贼式的谋略,结果,功名尽毁,惨遭杀戮,大好河山化作废墟,这怎能不令人悲痛!

跪着前进,匍匐而行,并不意味着恭敬;言必行,重承诺,并不意味着坚守信义;过度耗费金钱,发放珠宝玉器,并不等于施恩惠;自割颈部,剖割肚腹,并不表示勇敢。这些问题的关键在于,仅顾眼前的名誉、得失而不能深谋远虑的行动并不是真正的忠孝礼义,不过是为复仇而丧生的白公胜之流罢了!

荆轲一心想要报答太子丹的豢养之情, 而不顾及全家七族之人的性命,仅凭短小的匕首就想使燕国强大、秦国削弱,这简直是愚蠢至极! 所以,杨雄曾经说过这样的话,要离的死就像蜘蛛、螫虫的死,聂政的死算得上是壮士之类的死,而荆轲的死算是刺客一类的死,但是,这些人的死都不能算作是"义"。杨雄还说:"用道德观念来说,荆轲这种人,只能算是盗贼之类的人罢了。"此话说得太有道理了!

【知识链接】

(一)荆轲简介

荆轲,爱好读书舞剑,为人慷慨,颇具侠义。曾游历到燕国,得燕国"节侠"田光赏识,并举荐给了太子丹,拜其为上卿。秦国消灭赵国之后,兵锋直接威胁到了燕国的南界,太子丹十分恐惧,便与田光商议对策,决定指派荆轲前去行刺秦王嬴政。

　　荆轲将自己的计策告诉了太子丹,打算将秦国叛将樊於期之头与燕督亢地图进献给秦王,然后伺机行刺。太子丹不同意牺牲樊於期,荆轲便私底下与樊於期见面,告知自己的计划,樊於期为了成全荆轲,便拔剑自刎。

　　公元前227年,荆轲携带着樊於期首级和燕督亢地图前往秦国。临行前,很多人听说荆轲的壮举,纷纷赶到易水边为其送行,场面颇为悲壮。荆轲吟唱道:"风萧萧兮易水寒,壮士一去兮不复还。"荆轲到达秦国之后,秦王在咸阳宫内召见了他。结果行刺秦王未遂,被分尸。

　　成大事者当有勇有谋,虽勇位于谋之前,但并不代表谋略要比勇气逊色,只有在两者同时成立的情况下,所想要达成的结果才能得以实现。苏洵曾在《六国论》中指出,燕国太子丹之所以采取这种极端的方式,是以"荆轲刺秦"来维护燕国的安危以及逼迫秦国归还燕国的土地。但是,他采取的手段不当,不仅没有实现初始目的,反而导致国家灭亡。从政治的角度来看,荆轲刺秦显然是十分幼稚的行为。

　　(二)与荆轲有关的诗词:

荆轲

古体诗·蛾

　　近读史记,闻荆轲之壮,后人既以秦为强暴,博秦者所以美名也,孰论其行之本意?遂作此诗,以原其情——国事岂决于一人一事?我辈匹夫,但求无违本心可也。

中华国学阅读

荆轲辞北地,萧萧易水寒。

渐离击烈筑,壮士发冲冠。

登车不复顾,去意何决然?

捐生报知己,孰为效燕丹?

田光明一志,将军无二言。

信任能如此,一身何足恋?

今日即赴死,心诺亦昭然。

成败随天意,相逢当不远。

渡易水歌

风萧萧兮易水寒,壮士一去兮不复还。

探虎穴兮入蛟宫,仰天呼气兮成白虹。

荆轲

宋·张耒

燕丹计尽问田生,易水悲歌壮士行。

嗟尔有心虽苦拙,区区两死一无成。

英雄末路

【经典原貌】

十二月，项王至垓下，兵少，食尽，与汉战不胜，入壁；汉军及诸侯兵围之数重。项王夜闻汉军四面皆楚歌，乃大惊曰："汉皆已得楚乎？是何楚人之多也！"则夜起，饮帐中，悲歌慷慨，泣数行下；左右皆泣，莫能仰视。于是项王乘其骏马名骓，麾下壮士骑从者八百余人，直夜，溃围南出驰走。平明，汉军乃觉之，令骑将灌婴以五千骑追之。项王渡淮，骑能属者才百余人。至阴陵，迷失道，问一田父，田父绐曰"左"。左，乃陷大泽中，以故汉追及之。

项王乃复引兵而东，至东城，乃有二十八骑；汉骑追者数千人。项王自度不得脱，谓其骑曰："吾起兵至今，八岁矣；身七十余战，未尝败北，遂霸有天下。然今卒困于此，此天之亡我，非战之罪也！今日固决死，愿为诸君快战，必溃围，斩将，刈旗，三胜之，令诸君知天亡我，非战之罪也。"乃分其骑以为四队，四乡。汉军围之数重。项王谓其骑曰："吾为公取彼一将。"令四面骑驰下，期山东为三处。于是项王大呼驰下，汉军皆披靡，遂斩汉一将。是时，郎中骑杨喜追项王，项王嗔目而叱之，喜人马俱惊，辟易数里。项王与其骑会为三处，汉军不知项王所在，乃分军为三，复围之。项王乃驰，复斩汉一都尉，杀数十百人；复聚其骑，亡其两骑耳。乃谓其骑曰："何如？"骑皆伏曰："如大王言！"

于是项王欲东渡乌江，乌江亭长船待，谓项王曰："江东虽小，地方千里，众数十万人，亦足王也。愿大王急渡！今独臣有船，汉军至，无以渡。"项王笑曰："天之亡我，我何渡为！且籍与江东子弟八千人渡江而西，今无一人

《资治通鉴》

典籍

还；纵江东父兄怜而王我，我何面目见之！纵彼不言，籍独不愧于心乎！"乃以所乘骓马赐亭长，令骑皆下马步行，持短兵接战。独籍所杀汉军数百人，身亦被十馀创。顾见汉骑司马吕马童，曰："若非吾故人乎？"马童面之，指示中郎骑王翳曰："此项王也。"项王乃曰："吾闻汉购我头千金，邑万户；吾为若德。"乃自刎而死。王翳取其头；余骑相蹂践争项王，相杀者数十人；最其后，杨喜、吕马童及郎中吕胜、杨武各得其一体；五人共会其体，皆是，故分其户，封五人皆为列侯。

……

太史公曰：羽起陇亩之中，三年，遂将五诸侯灭秦，分裂天下而封王侯，政由羽出；位虽不终，近古以来未尝有也！及羽背关怀楚，放逐义帝而自立；怨王侯叛己，难矣！自矜功伐，奋其私智而不师古，谓霸王之业，欲以力征经营天下。五年，卒亡其国，身死东城；尚不觉悟而不自责，乃引"天亡我，非用兵之罪也，"岂不谬哉！

——节选自《资治通鉴·第十一卷·汉纪三》

【注析品读】

十二月，项羽来到垓下，缺兵少粮，与汉军交战失利，只好退守营垒。此时，项羽面临的境况十分危急，汉军与诸侯的军队已将其团团围困。夜晚，汉军唱起了楚歌，歌声从四面八方传来，项羽听后大惊，道："难道汉军已经全部到达楚地了吗？为什么楚人如此之多啊？"于是，项羽连夜起身，借酒浇愁，慷慨悲歌，泪流不止，侍从人员皆为其落泪，不忍看其面容。突然，项羽冲出帐外，跃身马上，随从骑兵八百多人，当夜突出重围，向南疾驰。天大亮时，汉军才发觉此事，立刻指派骑将灌婴，率兵五千，前去追赶。项羽度过淮河，跟随他的骑兵仅剩一百余人。抵达阴陵后，项羽一行人迷失了方向，于是向一农夫问路，农夫谎称："往左。"项羽等人不假思索，向左奔去，结果陷入了大沼泽地中。汉军因此追赶上了他们。

于是，项羽又率领众部向东突围，到达东城后，身边只剩下二十八人。而就在此时，汉军的几千骑兵也随后赶到。项羽深知难以脱身，便对他的骑兵们说："从我开始起义到今天为止，算起来已有八年的光景，经历了大大小小的战争也有七十多次，从未曾失败过，只有这样才能称霸天下。然而，今天却被困于此，这真是天要亡我啊，并不是我的用兵之道存在任何过错！此时此刻，我愿与汉军决一死战，为你们痛快地搏斗一番，一定能突破重围，斩将杀敌、连番取胜，让你们知道，是天要亡我，而不是我用兵的失误。"随后，他将兵马分为四队，分别向四个方向冲杀。但是，汉军已将他们团团围住。项羽冲着他的士兵们喊道："看我斩杀敌军的一员将领！"当下命令骑兵们从四面奔驰而下，约好在山的东面分三处会合。

接着，项羽大声呼喊，策马冲向汉军，以迅雷不及掩耳之势斩杀了汉军的一员大将。随后，郎中骑杨喜奉命追击项羽，不料却被项羽瞠目怒喝吓得人仰马翻，退

典籍

避了好几里地。

项羽疾驰而去,与他的骑兵们会合。汉军不知项羽逃往何处,于是兵分三路,重新又将他们包围起来。犹如猛兽的项羽,又冲向汉军,斩杀了一名都尉,并杀掉了百十来个汉兵。然后,项羽又将自己的骑兵聚拢在了一起,伤亡了两名骑兵。项羽对他的骑兵们说道:"现在你们有什么感想呀?"骑兵们都佩服地回答道:"正如大王您所说的那样!"

这时,项羽想要东渡乌江。乌江亭长正将船停泊在江边等待着他,见到项羽,他说道:"江东土地方圆百里,虽然狭小,但民众却有几十万,足够您在那里称王的了。大家都盼望着您火速渡江!现在,只有我有船只,等汉军追到这里的时候,他们是无法渡江的。"项羽苦笑道:"上天想要让我消亡,即使我渡江又有什么用呢!况且,当初跟随我渡江西征的八千江东子弟,现在无一人生还,纵使江东父老依然爱戴我,拥立我为王,可我又有何脸面去见他们啊!即使他们不说什么,难道我的心里就不会有愧疚吗?"

于是,项羽将自己所骑之马送给了亭长,让他的骑兵们都下马步行,与汉军交战。项羽一人杀死了汉军的几百名士兵,但其身遭受十多处伤。这时,项羽转身看到了汉军骑司马吕马童,说道:"原来是老朋友啊!"吕马童背过脸,指给中郎骑王翳说道:"这就是项王!"项羽又说:"据我所知,汉王悬赏千金买我的头颅,并分给万户封地,那我就留给你一些恩德吧!"话音刚落,项羽刎颈而死。王翳立刻斩下项羽的头颅。其余的骑兵都争抢项羽的躯体,甚至几十个人还相互残杀起来。最后,杨喜、吕马童和郎中吕胜、杨武分别得到项羽的一部分肢体。五个人又将手中的肢体拼凑起来,又都对得上。于是，汉王将原来悬赏的万户封地分为五份，将这五人都封为列侯。

太史公司马迁曰："项羽起于山野民间，短短三年，就率领齐、赵、韩、魏、崐燕五诸侯国的军队推翻了秦朝统治，分割天下，封授王侯。所有政令皆由项羽发布，他的王位虽然未得善终，但实为近古所罕见！之后，项羽放弃关中之地，将楚国设为自己的政治中心，放逐义帝而自立为王，待楚汉之争时尤怨恨诸侯国的背信弃义，这就说不通了！同时，项羽还喜欢夸耀自己的战功，逞一时的聪明而从不效法古人，认为霸王功业，仅凭武力来征伐与经营。结果，五年的时间，就丧失了自己的国家，落得自刎于乌江的下场。然而，在最后一刻，他也没有觉悟，依然借口'并非我用兵失误，而是天要亡我'，这真是荒唐至极啊！"

【知识链接】

（一）项羽简介

项羽，秦朝末年著名军事家，中国军事思想"勇战派"的代表人物之一，是力可扛鼎、气压万夫的英雄豪杰。陈胜、吴广在大泽乡起义之后，项羽在会稽郡斩杀了郡守，举兵反秦。巨鹿之战以后，领兵进入关中，推翻了秦朝的残暴统治，威震四海。秦亡，仗势分天下，一共册封十八路诸侯。项羽不但勇猛过人，还曾留下千古名作《垓下歌》。司马迁曾这样评价项羽："大政皆由羽出，号称西楚霸王，权同皇帝。位虽不终，近古以来未尝有也。"

项羽在战场上攻无不克，然而在政治上，却十分幼稚，甚至可称得上是愚蠢，虽有贤能辅佐，但并不能善加利用。所以说在用人方面，他远不及刘邦，刘邦手下的萧何、张良、韩信等出身各不相同，但他们却能够发挥自己

的长处；项羽手下只有一个范增，却不对其加以重用。有人说，项羽是一个良将，但却坐在了统帅的位置上。这不能不说是一种悲哀。

（二）与项羽有关的诗词：

垓下歌

项羽

力拔山兮气盖世。

时不利兮骓不逝。

骓不逝兮可奈何！

虞兮虞兮奈若何！

夏日绝句

李清照

生当作人杰，死亦为鬼雄。

至今思项羽，不肯过江东。

登广武古战场怀古

李白

秦鹿奔野草，逐之若飞蓬。

项王气盖世，紫电明双瞳。

呼吸八千人，横行起江东。

赤精斩白帝，叱咤入关中。

两龙不并跃,五纬与天同。

楚灭无英图,汉兴有成功。

按剑清八极,归酣歌大风。

伊昔临广武,连兵决雌雄。

分我一杯羹,太皇乃汝翁。

战争有古迹,壁垒颓层穹。

猛虎啸洞壑,饥鹰鸣秋空。

翔云列晓阵,杀气赫长虹。

拨乱属豪圣,俗儒安可通。

沉湎呼竖子(14),狂言非至公。

(三)霸王陵墓

霸王陵墓,位于山东省泰安市东平县古谷城南。文革时期,坟被铲平,石碑被砸坏。如今仅存旧址和残碑。

典籍

帝王之道

【经典原貌】

帝置酒洛阳南宫,上曰:"彻侯、诸将毋敢隐朕,皆言其情:吾所以有天下者何?项氏之所以失天下者何?"高起、王陵对曰:"陛下使人攻城略地,因以与之,与天下同其利;项羽不然,有功者害之,贤者疑之,此其所以失天下也。"上曰:"公知其一,未知其二。夫运筹帷幄之中,决胜千里之外,吾不如子房;填国家,抚百姓,给馈饷,不绝粮道,吾不如萧何;连百万之众,战必胜,攻必取,吾不如韩信。三者皆人杰,吾能用之,此吾所以取天下者也。项羽有一范增而不能用,此所以为我禽也。"群臣说服。

——节选自《资治通鉴·第十一卷·汉纪三》

【注析品读】

　　汉高祖刘邦在洛阳南宫设酒宴款待群臣,席间,他说道:"在座的诸侯、将士,今天对朕不要有所隐瞒,都来说说这其中的缘由:我之所以能夺得天下的原因是什么?而项羽失掉天下的原因又是什么呢?"高起、王陵回答道:"陛下您派人攻夺城池,谁攻下的城池、土地就分给谁,与大家共同享有利益;而项羽却做不到,他嫉恨有功之人,猜疑贤能之人,这就是他失败的原因。"高祖说道:"这只是其中一个原因,还有一个很重要的原因你们不知道。实际上,谈到运筹帷幄,决胜千里,我不如张良;保卫国家,抚恤百姓,供给粮饷,保持运粮道路的顺畅,我比不上萧何;统帅百万雄师,战无不胜,攻无不克,我比不上韩信。这三位都是人中之豪杰,我能够重用他们,所以我才能一统天下。项羽手下的范增,也是位难得之才,而项羽却不愿信任他,这便是项羽被我打败捕捉的原因了。"对此,群臣都十分赞同。

【知识链接】

　　刘邦与卢绾同为丰县人,两家关系走的很是亲近。在二人年幼时,一起拜马维为师,共同在马公书院读书学习。年幼时,刘邦还算听话,知道学习。但当他年长一些后,便开始逃学,为此,遭到了老师的多次训斥。但是,刘邦性格豪爽,待人仁厚,宽容,气量大。除了不喜欢学习,刘邦还不喜欢在田间劳作,因此父亲总说他没有哥哥懂事,待刘邦一统天下之后,还时常拿此事调侃刘太公。

长辈们都认为刘邦将来不会有任何出息,既不能治理商业,也不能下地干活,没有生活来源。刘邦对这些评论充耳不闻,依然故我。刘太公常常是哀声不断,待刘邦长大之后,为了有个营生,刘太公花钱为他买了个泗水亭长的差事。自当差之后,刘邦混得是风生水起,在当地还颇有点人气。刘邦为人大度,胸怀大志。

刘邦的妻子吕雉在他建立汉室江山中起到了举足轻重的作用。吕雉是一个很有见识和胆量的女性,在刘邦困顿之时,多次求助家中帮其解围。而刘邦能娶到吕雉这位贤妻,多亏了吕雉的父亲吕公。因与人结怨,吕公不得已离开家乡来到沛地定居,因此地的县令与他是旧识,还能有所照拂。刚到沛地,此事也就在当地传开了,很多人都赶来巴结他。刘邦听闻此事,也赶去凑热闹。当时,接待客人的是在小沛担任主簿的萧何,他宣布了一条规则:只有礼钱高达一千钱的人,才能到堂前就坐。刘邦根本不予理会,虽然他身无分文,却底气十足地对接待的人说:"我出贺钱一万!"

吕公听到下人禀报,十分欢喜,赶忙出来接见他。一见刘邦气宇轩昂,气质出众,吕公就盛情将其留下,并愿意将女儿嫁给他。刘邦巴不得结成这一亲事,回家征得父母同意之后,便与吕雉成了婚。吕雉便是以后历史上一

位著名的皇后,汉惠帝刘盈即是她和刘邦的儿子,还有一个女儿为鲁元公主,嫁给了个性懦弱但十分孝顺的张敖。

刘邦在担任亭长的时候,曾为泗水郡押送过一批徒役,在前往骊山押送的途中,遭遇了变故,很多徒役趁机逃走了。他估计即使到了骊山,徒役们也都会逃没了。于是,到了芒砀山时,就停下来喝酒,趁着夜色将所有的役徒放走了。刘邦说道:"你们赶快逃走吧,从此我也要远走他乡了!"没想到役徒中有几个壮士愿意跟随他逃亡。

刘邦趁着酒意和夜色,沿小路通过沼泽之地,让一个壮士在前面开路。不久,走在前面的人回来说:"前方有条凶猛的蟒蛇挡住了我们的去路,我们只能往回走了。"刘邦已醉,说道:"男子汉大丈夫,有什么可怕的!"于是冲到前面,拔剑斩向蟒蛇。白莽被斩为两段,道路打开了。他们继续往前走了几里地,刘邦醉得更厉害了,倒地便睡。后听闻在刘邦斩白蛇的地方有一老妇人哭泣,有人好奇便上前询问缘由,老妇言说自己的儿子被人杀死了。众人见周围沼泽遍地,并不见有人。老妇见众人疑惑,便道出了原委。原来刘邦斩杀的白蛇是白帝子的化身,而刘邦则是赤帝子,故而前来哭诉一番。本不相信老妇所说的众人但见老妇凭空消失在面前,深感惶恐。回去之后便把此事说给刘邦听,自此后,刘邦便有点得意忘形了。

为人之道

【经典原貌】

匈奴右贤王数侵扰朔方。天子令车骑将军青将三万骑出高阙,卫尉苏建为游击将军,左内史李沮为强弩将军,太仆公孙贺为骑将军,代相李蔡为轻车将军,皆领属车骑将军,俱出朔方;大行李息、岸头侯张次公为将军,俱出右北平,凡十余万人,击匈奴。右贤王以为汉兵远,不能至,饮酒,醉。卫青等兵出塞六七百里,夜至,围右贤王。右贤王惊,夜逃,独与壮骑数百驰,溃围北去。得右贤裨王十余人,众男女万五千余人,畜数十百万,于是引兵而还。

至塞,天子使使者持大将军印,即军中拜卫青为大将军,诸将皆属焉。夏,四月,乙未,复益封卫青八千七百户,封青三子伉、不疑、登皆为列侯。青固谢曰:"臣幸得待罪行间,赖陛下神灵,军大捷,皆诸校尉力战之功也。陛下幸已益封臣青;臣青子在襁褓中,未有勤劳,上列地封为三侯,非臣待罪行间所以劝士力战之意也。"天子曰:"我非忘诸校尉功也。"乃封护军都尉公孙敖为合骑侯,都尉韩说为龙洛侯,公孙贺为南窌侯,李蔡为乐安侯,校尉李朔为涉轵侯,赵不虞为随成侯,公孙戎奴为从平侯,李沮、李息及校尉豆如意皆赐爵关内侯。

——节选自《资治通鉴·第十九卷·汉纪十一》

【注析品读】

汉武帝时期,公元前124年春天,由于匈奴的右贤王带领手下将士多次入侵朔方郡,所以汉武帝派车骑将军卫青率领三万骑兵抵御匈奴进犯。他的部队从河套北上,一直出了高阙塞,向匈奴进军;分别册封了游击将军

《资治通鉴》

典籍

第93页

卫尉苏建，强弩将军左内史李沮，骑将军太仆公孙贺，轻车将军代相李蔡，他们将随同车骑将军卫青从朔方郡出兵抵抗匈奴的进犯；又封大行李息、岸头侯张次公为将军，从右北平郡出兵，共有十几万人与匈奴部作战。匈奴的右贤王认为汉兵离他们很远，在短时间内不会抵达他的驻地，便疏忽大意，放松了警惕。允许士兵们开怀饮酒，直到他们醉得不省人事。卫青等人带着大军出了长城就加快了行军的步伐，一直赶了六七百里的路，连夜将右贤王他们包围了。知道自己被包围了右贤王才大吃一惊，仓皇地带着几百名精壮骑兵，突围向北方逃跑。卫青等人共俘获了右贤王手下的十几个小王，男女人口共计一万五千多人，牛羊约一百万头，然后带着丰厚的战利品班师而归。

将士们全胜而归，刚到长城，得知胜利的汉武帝派遣的使臣已经带着大将军印赶到了那里。使臣在他们的军营里把将军印授予卫青，封赏卫青为大将军，并将出击匈奴的所有部队的领导权交予卫青。那是初夏，在四月初八，汉武帝又给卫青增加封邑八千七百户，卫青的三个儿子伉、不疑和登也都被封为侯。知道自己的儿子被封侯，卫青一再向汉武帝推辞说："我很幸运，能够在军队中等待着您的责罚，依靠您的神明，军队打了胜仗，这是各位将领们共同努力奋战的功劳，您已经加封我卫青，至于我的三个孩子，他们年岁尚小，没有为国家出过力，也就没有什么功劳，您却要划出土地封他们三人为侯，这不是我在军中兢兢业业勉励士兵们为国家出力的想法啊！"听了卫青的推辞，汉武帝说："我没有忘记将士们为国家做出的功劳。"于是，护军都尉公孙敖、都尉韩说、公孙贺、李蔡、校尉李朔、赵不虞、公孙戎奴都分别加封为合骑侯、龙洛侯、南窝侯、乐安侯、涉轵侯、随成侯、从平侯，而李沮、李息及校尉也都被赐予了相应的爵位。

【知识链接】

中国古代，正直、诚实之士颇多。曾巩，宋朝一位著名诗人，为人正直宽厚，以诚待人，从不因为个人或者亲戚朋友的利益去做一些有损人格的事情。他和宋代改革家王安石是交往多年的好朋友。王安石做了淮南判官后，一次回家看望祖母的时候，还特意去拜访曾巩。

宋神宗曾召见过他，谈及王安石，他并没有因两人的交情而避讳他的缺点。在他看来，王安石的才华与能力确实很出色，但却不及杨雄。这并不是说王安石的才学逊于杨雄，只因王安石不善于接受别人的批评和建议，有孤芳自赏之嫌，为人如此，尚不能算是德才兼备。听闻曾巩的一番评价，宋神宗很是欣慰，认为他为人正直，敢于批评。

《资治通鉴》

典籍

第四章

《史记》

第一节 《史记》简介、贡献及作者介绍

一、《史记》简介

　　《史记》是我国第一部纪传体通史,鲁迅曾评价其"史家之绝唱,无韵之离骚。"全书由十二本纪、十表、八书、三十世家、七十列传构成,通过翔实的记述手法,影射出了上至传说中的皇帝到汉武帝元狩元年大约三千年的历史变更,无论是从时间还是空间,一幅幅历史画卷正一点点地向人们铺展开来。《史记》中,作者并没有一味地追寻王朝的更迭,记录历代皇帝的功过,而是从不同的侧面展现当时的社会背景以及现实存在的问题,涉及的人物以及记录的对象十分广泛,上至当朝执政者,下至百姓、侠客、起义首领等,覆盖了社会各个阶层的人物,同时还涉猎了医学、法律、政治、军事、文学等方面的知识,描绘它们的发展状况。书中共有一百三十卷,约五十二万六千五百字,充分体现了作者精湛的写作手法。

它首创纪传体，与前人编写的以时间为顺序或以地域为顺序的体例不同，是以人物传记为中心来展现历史内容的史书体例。这种撰写方式，对后世作家影响极为深远。此后的两千年间，无论是东汉时期的《汉书》，还是民国初期的《清史稿》，尽管在名目上有所差别，但都沿袭了《史记》本纪和列传的撰录方式。同时，从文学的角度讲，《史记》还是一部非常优秀的文学著作，具有很高的文学价值，可谓是文学史上的一座里程碑。鲁迅曾这样评价道："史家之绝唱，无韵之离骚。"

从秉笔直书的角度来看，《史记》始终强调人道与天道的共存，所谓"究天人之际"则是追求天人合一的境界，因此，《六国年表序》中道出秦并天下的原因为"天所助"；在《天官书》中，对各种特殊自然现象进行描述时，总会阐述其与人事存在的种种联系。《史记》还渗透着严谨的神学、哲学思想，这些深邃的思想源于作者对"天人合一"境界的探索。

《史记》成书之后，因其"是非颇谬于圣人，论大道则先黄老而后六经，序游侠则退处士而进奸雄，述货殖则崇势利而羞贱贫"，被统治者指责为抨击汉代正宗思想的异端代表。所以，在汉代，《史记》一直被人们看作有悖于正统的"谤书"，得不到公正的评价，没有人为其做注解。

然而，此时也有一些人对《史记》给予了积极的评价，比如，西汉的刘向、扬雄皆称"迁有良史之材，服其善序事理，辨而不华，质而不俚，其文直，其事核，不虚美，不隐恶，故谓之实录"。

西汉时期，即使是声名显赫的诸侯，也没有全版的《太史公书》。东平王曾向朝廷要求赏赐《太史公书》，却遭到回绝。究其原因，《史记》中记载了大

量有关宫廷的秘事,统治者不愿泄露出去,所以只有宫廷人员才有机会接触此书。

大约在东汉中期以后,《史记》得到了广泛的传播。据现存材料考证,最早将这部著作称为"史记"的,是东汉桓帝时期的《东海庙碑》。在此之前,世人都将其称为《太史公书》、《太史公记》或简称《太史公》。

《史记》一共有两部分,一部分在宫廷;副本在作者的家中。汉宣帝时期,《史记》的少量篇幅得以在市井间流传,这主要是司马迁的外孙杨恽的功劳,但他很快便遇害了。

唐朝时期,《隋书·经籍志》对《史记》、《汉书》的流传有这样的说法:"《史记》传者甚微",司马贞说"汉晋名贤未知见重。"古文运动的兴起,文人们开始重新审读《史记》,对其给予了高度的评价。当时,一些文学巨匠如韩愈、柳宗元等都从《史记》中领略了文学的力量,从中汲取了养分。

宋元时期,《史记》逐渐受到文学家以及史学家的追捧,欧阳修、洪迈、郑樵等文学大家都属此类。随着《史记》声望逐渐提高,各家各派纷纷开始为《史记》作注。

二、《史记》的贡献

《史记》以一种纪传体的形式,记载了三千年的中国历史,将古今大事统成一书,开启先例,树立了典范,以致以后模仿这部巨著的史书相继出现。通史的风格始终影响着近现代史学研究与创作,使史学开始独立成长。

中国古代，史学没有独立的地位，而是包含于经学范围之内的，因此，记载历史的文字基本是附在一部著作的后面。比如，刘歆的《七略》里，都将史部之书附在《春秋》的后面。自《史记》成书之后，专门的史学著作逐渐增多。后来，晋朝的荀勖为了适应新的要求，将历代的典籍划分为四部：分别为六艺小学、诸子兵术、史记皇览、诗赋图赞。自此，史学自成一派，占据了记述历史书籍的顶峰。史学所获得的一系列发展，皆源于《史记》的功绩。

为史传文学奠定了基础。《史记》的作者司马迁，文学修养极为深厚，在叙述、描写过程中，运用了高妙的艺术手段。纵使十分复杂的事实，他也能将其措置得井然有序，颇为恰当。加之他见识广博、视线长远、文词生动、情感丰富，各色人物和具体事件，信手拈来，无不词气横肆，形象逼真，令人"惊呼击节，不自知其所以然"。

总的说来，《史记》作为我国第一部以描写人物见长的、规模宏大的作品，为后世文学的发展指引了方向。《史记》虽然写的是历史上的真实人物，然而，在对人物性格进行描写时，往往通过不同人物的对比，来突出各色人物的性格特征；在对细节进行描写时，还进行了合理的虚构，突出了人物类型化的特征。

其实，在许多民族的早期文学中，都出现过类似的现象，也是人类对自身特点所进行的艺术概括。只不过，中国文学中最早被类型化的人物源自现实历史而已。因此，《史记》为我国后世文学塑造了一批典型的人物原型。在以后的小说、戏剧中，刻画的皇帝、英雄、侠客、官吏等形象，很多都是从《史记》中的人物所演变而来。

三、作者介绍

　　司马迁,字子长,出生于夏阳,是我国西汉时期著名的史学家、文学家以及思想家。其父司马谈,学识渊博,司马迁自小便深受其影响。

　　幼年的司马迁,在故乡度过艰辛困苦的生活。然而,他在"山环水带,嵌镶蜿蜒"的环境中,陶冶了性情。10岁时,随父亲迁往长安,拜过很多名师,受到了良好的教育,习读古书,非常刻苦,一遇困难,总是反复思索,探究根源,直到彻底明白为止。20岁时,游学于四方,足迹遍布江淮流域和中原地区。游学归来,作了皇帝的近侍郎中,主要负责守卫宫殿,管理车骑,随同皇帝巡行等。

　　他曾几次陪同汉武帝外出巡游,足迹遍及平凉、崆峒等很多地方,还到过最南边的昆明。35岁时,奉汉武帝之命,出使云南、四川、贵州等地,了解了当地的民族习俗。公元前108年,司马炎去世,司马迁接替其职位,担任了太史令。四年后,与唐都等人共同制订"太初历"。同年,着手编撰《史记》。

　　司马迁家族,世代为官,他把记载帝王的贤明,整编天下大事当作己任,通过客观的记叙历史事件以及人物以使后人明智。他父亲就有整理中华民族数千年历史的心愿,立志编撰一部网罗宏富的历史巨著。

　　公元前99年,李陵出兵匈奴,结果大败投降,汉武帝十分愤怒。群臣都谴责李陵贪生怕死,当汉武帝让司马迁谈谈看法之时,司马迁竭力为李陵辩护,说道:"李陵带兵不足五千,却能深入敌人腹地,击垮了几万敌军。最后虽然失败,但杀了那么多敌人,也功不可没。李陵没有马上去死,一定是想寻找时机,将功补过,来报答陛下。"结果,激怒了汉武帝,被判死刑。

当时,有两种方式可以代替死刑,要么交50万钱,要么接受"宫刑"。在司马迁看来,"人固有一死,或重于泰山,或轻于鸿毛,用之所趋异也。",为了却父亲的遗愿,完成《史记》,流传后世,他忍受屈辱,选择了"宫刑",在狱中写作《史记》。公元前96年,司马迁获得赦免,出狱后继续撰写《史记》。大约在55岁之时,完成了该书的撰写和修改事宜。司马迁以其广博的见识和惊人的毅力,成就了《史记》。

四、后人对司马迁和《史记》的评价

毛泽东在《为人民服务》文中说:"人总是要死的,但死的意义有不同。中国古时候有个文学家叫做司马迁的说过:'人固有一死,或重于泰山,或轻于鸿毛'。为人民利益而死,就比泰山还重,替法西斯卖力,替剥削人民和压迫人民的人去死,就比鸿毛还轻。"毛泽东对司马迁很佩服,认为"司马迁览潇湘,泛西湖,历昆仑,周览名山大川,而其襟怀乃益广"。

郑振铎认为:自司马迁以来,便视历史为时代的百科全书,所以司马迁涉及的材料,范围极广,自政治以至经济,自战争以至学术,无不包括在内,其所网络的范围是极其广大的。所谓"文学史"也常常被网络在这个无所不包的"时代的百科全书"之中。

梁启超认为:"史界太祖,端推司马迁","太史公诚史界之造物主也"。梁启超对《史记》评价颇高,他认为:史记之列传,借人以明史;《史记》之行文,叙一人能将其面目活现;《史记》叙事,能剖析条理,缜密而清晰。因此他主张对于《史记》,"凡属学人,必须一读"。

第二节 《史记》中主要作品阅读赏析

帝尧之功

【经典原貌】

帝尧者,放勋。其仁如天,其知如神。就之如日,望之如云。富而不骄,贵而不舒。黄收纯衣,彤车乘白马。能明驯德,以亲九族。九族既睦,便章百姓。百姓昭明,合和万国。

乃命羲、和,敬顺昊天,数法日月星,敬授民时。分命羲仲,居郁夷,曰旸谷。敬道日出,便程东作。日中,星鸟,以殷中春。其民析,鸟兽字微。申命羲叔,居南交。便程南为,敬致。日永,星火,以正中夏。其民因,鸟兽希革。申命和仲,居西土,曰昧谷。敬道日入,便程西成。夜中,星虚,以正中秋。其民夷易,鸟兽毛毨。申命和叔,居北方,曰幽都。便在伏物。日短,星昴,以正中冬。其民燠,鸟兽氄毛。岁三百六十日,以闰月正四时。信饬百官,众功皆兴。

——节选自《史记·五帝本纪》

【注析品读】

帝尧,就是放勋。他仁慈宽厚,心胸像天空一样宽阔,智慧犹如神明一般,接近他,能感受到太阳般的温暖;仰望他,就像仰望覆润大地的云彩一样。他出身富贵却不傲慢,地位尊贵却不骄纵。他头戴金黄色的帽子,身穿乌黑色的衣裳,乘坐由白马拉着的朱红色的车子。他为人谦虚,对本性善良、品行高尚之人特别尊敬,使同族九代和睦相处。同族之人相亲相爱。接着又去考察所有官吏，官吏们政绩卓越，四方的诸侯邻邦都能相处融洽。

帝尧指派羲氏、和氏，遵循上天的意志，按照日月出没的变化，星辰的方位，编制历法，然后详细、认真地教授给百姓，让他们按照节令从事生产活动。

羲仲奉帝尧之命，住在郁夷，也就是旸谷，恭敬地迎接日出，划分出一系列步骤进行春季的耕种。春分是一年当中白昼和黑夜等长的时候，在初昏的时候，朱雀七宿中的星宿会出现在天空中正南方，根据这一点就可推断出仲春时节。此时，民众纷纷到田地里去劳作，各种鸟兽也到了繁殖期。

帝尧又指派羲叔，住在南交，将夏季的农事划分出种种步骤，认真谨慎地做好。夏季到来的时候，白天明显要比夜晚的时间长，在初昏之时，苍龙七宿中的心宿就会闪耀在正南方向，根据这一现象便可判断出仲夏时节的到来。这时候，百姓居住在高处，各种鸟兽的毛变得稀疏。

又命令和仲，住在西土，也就是昧谷，虔诚地恭送太阳下山，将秋天的农事按照一定的步骤进行收获。秋分到来的时候，黑夜和白昼的时间同春分一样，都是等长的，在初昏之时，玄武七宿中的虚宿将替代心宿星出现在正南方，这一迹象一旦出现就表明仲秋之时的到来。这时候，民众都迁回平地

典籍

居住，鸟兽重新长出新毛。

最后命令和叔定居北方一个叫幽都的地方，谨慎地安排好冬季粮食的收藏。冬至日，是四季中白昼最短的时候，在初昏之时，天空中的正南方转而出现了白虎七宿中的昂宿，看见此星宿便知仲冬之时已经到来。此时，百姓居住在暖屋，鸟兽全身长满了细密、柔软的毛。

一年有 365 天，通过置闰月的方式调和四季，校正农历年与回归年的之间的矛盾。帝尧真诚地告诫百官要尽忠职守，各种事宜逐渐地走上正轨。

【知识链接】

相传，上古时期，帝尧平息了各部落之后，农业生产以及人民的生活都呈现出一片繁荣昌盛的景象。但是，有件事一直让帝尧十分担忧，散宜氏所生的儿子丹朱，虽已成人，但不见有何长处，终日玩乐。

帝尧虽知丹朱不思上进，但因国事繁忙，并未多加管束。丹朱的母亲散宜见儿子胸无大志，很是担忧，多次劝诫，但生性顽劣的丹朱并没有将母亲的话放在心上，依然我行我素。他见人们泛舟于水上，嬉戏打闹很是自在，于是，便命自己的随从推着自己在汾河西岸的湖泊里玩耍，这种自在的感觉让他很是惬意，于是，便终日在此泛舟。散宜氏见此便对帝尧抱怨，怪他把全部的心思都放在了处理百姓国事之上，儿子如此顽劣却不加管束，将来又怎能替他分担国家大事。帝尧也觉得应该让丹朱掌握几项本领了，于是，便命人将其带到平山顶上。

丹朱正在汾河滩戏水，玩到兴头上的时候却听见父亲传唤，只好悻悻然的跟着侍卫走了。本来就心生不满，却听见侍卫说父亲要叫自己学习狩猎，干脆就耍起赖来，说什么也不肯狩猎，还搪塞说山上只见石头，哪有动物出没，分明是在刁难自己。

　　正在几名侍卫轮番劝解丹朱的时候，帝尧也登上山来，周身的衣服被荆棘刮破了好几处。丹朱拜见帝尧之后，便将心中的疑虑讲了出来。帝尧让丹朱往下俯瞰，可窥见大好河山一角。帝尧指点着江山，想以此激发儿子的责任心，又借机说明了狩猎的目的：想要生活下去，至少要掌握一种技能，更何况是一个帝王的儿子呢？但丹朱根本就听不进去。

　　帝尧见丹朱一副不以为然的表情，心知他并没有将狩猎看在眼里，于是便放弃了向他传授狩猎知识的想法，转而改教石子棋。丹朱一听父亲不再强迫他学习打猎，非常高兴，说道："下石子棋太容易了，只要坐下一会儿就能学会了。"丹朱将弓箭丢在地上，让父亲马上就教他。帝尧说："哪有一会儿就能学会的本领呢，只要你愿意学就好。"说着，蹲下身，拾起箭，用箭头在一块比较平滑的山石上刻画了纵横十几道的方格子，并让侍卫们捡来很多石子，分给丹朱一半，耐心地把自己在征战过程中利用石子表示进退的谋略思想讲给丹朱听。丹朱倒还有几分耐性，认真地倾听着父亲的讲解。一直到太阳下山，帝尧教子下棋仍然没有停止。后来，在侍卫们的催促之下，他们才下了平山，回到都城。

　　此后的一段时间里，丹朱认真研习棋术，没有到外面游逛，母亲的心踏实了很多。帝尧也很欣慰，心想如果丹朱真能研透石子棋中的奥秘，那也就等同于他知晓治理国家、用兵以及安抚百姓的道理，这未免不是一件幸事。

典籍

没想到,丹朱的棋术还没有学精,却听信谣言,觉得父亲教他下棋是为了束缚他,让他没有自由。于是,他决定不再研究这个费脑子的东西了,又过上了终日惹是生非的日子,甚至还想篡夺父亲的帝位。散宜氏十分心痛,大病一场,最终抑郁而死。

帝尧失望至极,十分伤心,将丹朱迁送到南方,再也不想见到他,并将帝位禅让给了德才兼备的虞舜。虞舜学习帝尧,教授儿子商均石子棋。因此,后来的陶器上很多都有围棋方格的图案,史籍中也有"尧造围棋,以教丹朱"的记载。今龙祠乡晋掌村西山依然有围棋石刻的遗迹。

功成于细

【经典原貌】

维二十八年,皇帝作始。端平法度,万物之纪。以明人事,合同父子。圣智仁义,显白道理。东抚东土,以省卒士。事已大毕,及临于海。皇帝之功,勤劳本事。上农除末。黔首是富。普天之下,抟心揖志。器械一量,同书文字。日月所照。舟舆所载,皆终其命,莫不得意。应时动事,是维皇帝。匡饬异俗,陵水经地。忧恤黔首,朝夕不懈,除疑定法,咸知所辟。方伯分职,诸治经易。举错必当,莫不如画。皇帝之明,临察四方。尊卑贵,不逾次行,邪不容,皆务贞良。细大尽力,莫敢怠荒。远迩辟隐,专务肃庄。端直敦忠,事业有常。皇帝之德,存定四极。诛乱除害,兴利致福。节事以时,诸产繁殖。黔首安宁,不用兵革。六亲相保,终无寇贼。欢欣奉教,尽知法式。六合之内,皇帝之土。西涉流沙,南尽北户。东有东海,北过大夏。人迹所至,无不臣者。

功盖五帝,泽及牛马。莫不受德。各安其宇。

——节选自《史记·秦始皇本纪》

【注析品读】

二十八年,即公元前219年,始皇帝登基。端正所有法度,制定一切事物的纲纪。明确人事情理,倡导父慈子孝。皇帝圣明贤德,宣明各种事理。亲自来到东土安抚百姓,慰劳士兵。统一大业已经完成,巡游滨海地区。皇帝功劳卓越,操持国家的根本大事。推行重农抑商的政策,使百姓逐渐富裕起来。天下万民,齐力同心,遵从皇帝意志。统一器物的衡量单位,统一文字体例。凡日月照耀之处,车船行至之地,都听从皇帝诏令,无不意满、志得。农田之事,顺应节令,自由大秦皇帝主掌。恶劣习俗,全部整治,跋山涉水,远涉千里安抚百姓。

怜悯百姓,日夜操劳不忍心休息。消除各种分歧因素,制定法律条款,没有人不遵守。地方官吏各守其职,各级政府实施的政策和制度,竭力追求公平得当,没有不公平、不严明的现象。皇帝十分贤德、明断,常常亲自到各地巡查。无论是贵族还是贱民,没有敢违背等级和规章制度的。邪恶之人一律不予以宽恕,求贤若渴,力求忠贞贤良之士。无论大小事情,都竭尽全力做到最好。无论在朝廷处理政事,还是在地方巡查,都严肃认真,端庄得体。正直不邪、敦厚诚恳,事业才能长久。

皇帝恩及四海,邻邦均得以安抚。诛除祸乱,消灭灾害,为国家争得利益,为百姓谋得福利。劳役有度,不误农时,各行各业兴旺富足。百姓安居乐业,在没有祸乱纷争。亲人不再离散,得以保全,盗贼流寇皆被消除。百姓欣

然地接受教化,法律法规都牢记在心。

四海之内,皆是皇帝的领土。西至沙漠,南至北户,东至东海,北至大夏。凡是有人烟的地方,都臣服于皇帝。功绩可以超过五帝,恩泽遍及牛马。无人没有受到过他的恩德,家家户户安定和睦。

【知识链接】

公元前247年,仅仅才13岁的嬴政开始走向自己的帝王生涯,继承了王位。待他满22岁时,开始亲自接掌国家政权。随着秦朝的不断强大,相继灭掉六国,一统天下。39岁时,建立了统一的中央集权的国家。公元前210年,秦始皇在东巡途中驾崩。

秦始皇认为自己的功业要超过三皇五帝,与大臣商议,将尊号改为"皇帝"。秦始皇是中国历史上第一位皇帝,故自称"始皇帝"。秦始皇在中国和世界的历史上都具有重大的影响,后人称他为"千古一帝"。在位期间,制定的诸多制度,被历代封建君主沿用两千多年。他创立了中国封建王朝的初始模式。

春秋战国时期,各个诸侯的尊号皆为"君"或"王"。战国后期,秦国、齐国的君王曾称为"帝",但此称号在当时并未得到所有诸侯国家的认可。嬴政统一天下以后,认为以前的称号不足以彰显其功绩,如果不加以更改,则

无法流传于后世,于是命令群臣商议称号。

大臣们商议之后,认为秦王灭六国、诛杀残贼、一统天下的功绩是前所未有的,他们援引古已有之的尊称,说"古有天皇,有地皇,有人皇,人皇最贵",建议采用"泰皇"的尊号。不过,秦始皇对这一称呼并不十分满意。他使用了其中一个"皇"字,又采用了"三皇五帝"中的"帝"字,创造出"皇帝"这个称呼。从此以后,"皇帝"就成为了中国封建君主的固定称谓。

"皇帝"称号的出现,不单单是名号的更改,更代表了一种新的统治观念的产生。古时候,"皇"有"大"的含义,通常人们称祖先、神明为"皇"。"帝"被上古时期的人们视为"最高的天神"。秦始皇将两个字结合起来,有两方面原因:首先,他认为自己的地位和权利是至高无上的,是上天赐予的,也就是所谓的"君权神授";其次,他对仅仅做人间的君王并不感到满足,他想拥有神明一般的地位。由此可知,"皇帝"的称谓,实际上是秦王将君权神化了的产物。

嬴政自称为"始皇帝",并规定,将来由自己的子孙继承皇位,继承者可以沿用"二世皇帝、三世皇帝"等称谓。嬴政的梦想,是希望世间的皇位由他一家一直继承下去,即"传之无穷"。

为了彰显自己地位的尊贵和神圣,嬴政实施了一系列"尊君"的政策:第一,取消谥法,周朝初年创立此法,即在君王死后,后人根据其生平功绩,赋予其具有评价性质的称号。秦始皇认为,这种"子议父,臣议君"的做法对死者十分不敬,重要的是没有任何意义。于是将其废除,不准后世人评价自己;第二,皇帝自称为"朕"。"朕"字的含义与"我"等同,在古代,普通人都可使用，但秦始皇却将这一称谓进行了限定，只允许皇帝使用这一自称；第三，对皇帝所下达的指令也规定了固定的称谓，即"命"为"制"，"令"为"诏"，二者的法律效令并不是相同的。行文中，不可出现皇帝的名字；但逢"皇帝"、"始皇帝"等字样，一律另起一行，顶格书写。第三，皇帝使用的玉质印章叫作"玺"。

上述种种规定，目的是要突出天子的权威，强调皇帝无与伦比的地位，增强皇权在群众心目中的神威之感。秦始皇幻想利用这些措施，使秦朝的皇位在他的后代中永远延续。

圣人之路

【经典原貌】

景公问政孔子，孔子曰："君君，臣臣，父父，子子。"景公曰："善哉！信如君不君，臣不臣，父不父，子不子，虽有粟，吾岂得而食诸！"他日又复问政于孔子，孔子曰："政在节财。"景公说，将欲以尼谿田封孔子。晏婴进曰："夫儒者滑稽而不可轨法；倨傲自顺，不可以为下。"后景公敬见孔子，不问其礼。

……

其明年，冉有为季氏将师，与齐战于郎，克之。季康子曰："子之于军旅，学之乎？性之乎？"冉有曰："学之于孔子。"季康子曰："孔子何如人哉？"对曰："用之有名：播之百姓，质诸鬼神而无憾。求之至于此道，虽累千社，夫子不利也。"康子曰："我欲召之，可乎？"对曰："欲召之，则毋以小人固之，则可矣。"而卫孔文子将攻太叔，问策于仲尼。仲尼辞不知，退而命载而行，曰：

"鸟能择木,木岂能择鸟乎?"文子固止。会季康子逐公华,公宾、公林,以币迎孔子,孔子归鲁。

——节选自《史记·孔子世家》

【注析品读】

　　齐景公向孔子请教治国之道,孔子说道:"国君、臣子、父亲和儿子都要各自履行自己的职责。"景公听后,赞道:"说得太对了!如果国君不像国君那样威严持重、圣德明断;臣子不像臣子那样尽忠职守;父亲不像父亲那样严肃持家;儿子不像儿子那样孝顺本分,即使有再多的粮食,我又如何能吃得到呢!"

　　一日,景公又向孔子请教为政之道,孔子说道:"管理国家,最根本的是要节约财政开支,避免挥霍、浪费。"景公听后,十分高兴,决定将尼谿的田地赏赐给孔子。晏婴劝阻说:"儒者这一类人,善于辞令,是不能用任何礼法来管制他们的,他们骄傲放肆,不能任为下臣使用。"

　　后来,景公再接见孔子的时候便不再向他请教政事了。

　　……

　　第二年,冉有为季氏率领鲁国军队与齐国交战于郎地一带,将其打败。季康子向冉有询问道:"您的军事才能如此卓越,是学来的呢?还是有这方面的天赋呢?"冉有回答道:"我向孔子学来的。"季康子又问道:"孔子是怎样的人呢?"冉有回答道:"任用他要符合名分,他的学术理论,无论是传播到百姓之中,还是呈现在鬼神面前,都没有任何遗憾。即使我因为军功而受到二千五百户人家的封赏,孔子也不会动心的。"季康子说道:"我想召请他

辅佐朝政,可以吗?"冉有答道:"可以,只要别让小人阻碍、陷害他,就没有问题了。"

当时,卫国大夫孔文子想要攻打太叔,想向孔子请教用兵之道。孔子拒绝了,回到住处后,立即准备车马离开了卫国,说道:"鸟可以选择栖息的树木,树木如何选择鸟呢?"孔文子坚决不肯让他离开。正赶上季康子派公华、公宾、公林携带着礼物来请孔子回到鲁国,于是,孔子跟随他们回到鲁国。

【知识链接】

孔子,名丘,字仲尼,春秋时鲁国人,是儒家思想的鼻祖,被后世尊称为"孔圣人"。华夏文明传承至今,孔子的儒家思想渗透到了许多思想派别当中,影响深远。

"性相近也,习相远也"便是孔夫子提出的理论之一,他认为,人的天赋素质几乎是相同的,个性的差异是在后天的教育和生活环境中形成的。所以,每个人都具有接受教育的能力,也应该受到教育。他主张"有教无类",创办私学,招生不分贵贱,打破了奴隶主贵族对教育的专权,让平民百姓都能有机会接受教育,顺应了社会发展的潮流。

孔子的教学理念为"学而优则仕",即如果学习了还有余力的话,应当去做官。他想要培养能够从事政治事业的君子,同时,君子要具备高尚的品德和良好的素养,因此,他强调学校教育必须将道德教育放在首要位置。

道德教育的主要内容包括"礼"和"仁"两部分。其中,"礼"就是今天所说的道德规范,"仁"指的是最高道德准则。"礼"是"仁"外在表现,"仁"是"礼"的精神内核,人唯有具有了"仁"的内在,才能具有"礼"的外在。在道德修养上,孔子教育弟子应树立志向、践履躬行、克己、内省、勇于改过等品质。

孔子教学的主导思想为"学而知之",他认为学习就是为了掌握知识,遇到不懂的应当不耻下问,虚心请教。同时,他还强调思考的重要性,认为一味地获得知识而不去思考,就会感到迷茫,而只顾思考而不去学习新的知识,就会有懈怠之感。在他的意识里,学到知识一定要应用到实践之中,即"学以致用"。

在中国教育史上,孔子最先倡导启发式教学,他常说:"不愤不启,不悱不发。"即为人师者应当在学生达到一定思考程度的时候给予启发和开导。在实际教学中,他还秉持因材施教的方针。在平时与学生接触的过程中,了解学生的个性特点,继而在教学中对不同的人应用有差别的教育方法。孔子一生培养出了诸多方面的人才,他的弟子有的善于言辞,有的善于政事,有的擅长文学,还有的德行出众,等等。

孔子热爱教育事业,学而不厌,诲人不倦,一生都在尽心尽力地从事教育活动。在教学过程中,不仅注重言语的说教,还非常重视以身示范,言行一致,用自己的行为来教育学生。他关心学生,学生也对他尊敬有加,师生们在和谐融洽的关系中学习、成长。他是我国教师的光辉典范。

在教学实践中,孔子不仅培养了众多贤明之人,还提出了很多颇具建设性的教育学说,成为中国古代教育坚实的理论基石。

孔子的著作中,有诸多名言被后世传颂,比如:

不义而富且贵,于我如浮云。

知之为知之,不知为不知,是知也。

不学礼,无以立。

三人行,必有我师焉。择其善者而从之,其不善者而改之。

敏而好学,不耻下问。

君子和而不同,小人同而不和。

己所不欲,勿施于人。

富与贵,是人之所欲也;不以其道,得之不处也。贫与贱,是人之所恶也;不以其道,得之不去也。

志士仁人,无求生以害仁,有杀身以成仁。

士志于道,而耻恶衣恶食者,未足与议也。

田埂鸿鹄

【经典原貌】

陈胜者,阳城人也,字涉。吴广者,阳夏人也,字叔。陈胜少时,尝与人佣耕,辍耕之垄上,怅恨久之,曰:"苟富贵,无相忘。"庸者笑而应曰:"若为庸耕,何富贵也?"陈胜太息曰:"嗟乎,燕雀安知鸿鹄之志哉!"

二世元年七月，发闾左适戍渔阳，九百人屯大泽乡。陈胜、吴广皆次当行，为屯长。会天大雨，道不通，度已失期。失期，法皆斩。陈胜、吴广皆谋曰："今亡亦死，举大计亦死，等死，死国可乎？"陈胜曰："天下苦秦久矣。吾闻二世少子也，不当立，当立者乃公子扶苏。扶苏以数谏故，上使外将兵。今或闻无罪，二世杀之。百姓多闻其贤，未知其死也。项燕为楚将，数有功，爱士卒，楚人怜之。或以为死，或以为亡。今诚以吾诈自称公子扶苏、项燕，为天下唱，宜多应者。"吴广以为然。

——节选自《史记·陈涉世家》

【注析品读】

陈胜，字涉，阳城人。吴广，字叔，阳夏人。陈胜年少的时候，曾与别人一起被雇佣在田里劳作。有一次，他在田埂上休息时，烦恼了好一会儿，说道："我们这里的人，假如谁以后飞黄腾达了，千万不要忘记大家啊。"其他人听了他的话，都笑着说道："你只是被人家雇佣来耕田的，怎么可能富贵呢？"陈胜却叹息道："唉，燕子、麻雀之类的小鸟，怎会明白大雁、天鹅的宏图大志呢？"

公元前209年，秦二世元年七月，朝廷征发贫苦百姓戍守渔阳，约有900人驻扎在大泽乡。陈胜、吴广也在这些被征调的人群之中，当了屯长。恰逢大雨倾盆，道路难以通行，他们知道已经耽误了到达渔阳的规定期限。假如超过了规定的期限，根据规定是会被砍头的。陈胜与吴广商量道："现在，逃走也是死路一条，起义也是死路一条，同样都是死，那为何不为国事而死呢？"陈胜说道："百姓受秦王朝的暴政统治之苦已经太久了。据我所知，二

世皇帝是始皇帝的第二个儿子，根本没有继承皇位的资格，应当继承皇位的人是公子扶苏。扶苏因多次劝诫皇帝，被派到外地驻守。人们都说他没有什么罪行，却被二世皇帝陷害致死。民众都知道他十分贤德，却不知道他已经死了。项燕原本是楚国的大将军，立过很多次战功，对士兵十分照顾，楚国人都很尊敬他。有人说他已经死了，有人说他逃亡了。如今，我们以扶苏和项燕的名义，号召天下百姓揭竿反秦，一定会有很多人响应。"吴广认为他说得很有道理。

【知识链接】

当时，天下百姓处于秦王朝的残暴统治下，深受阶级压迫。贫苦百姓被统治阶级宣扬的"富贵在天"思想所蒙蔽，根本没有摆脱贫困和阶级束缚的意识。陈胜的过人之处，就在于他认识到了阶级不平等和贫贱有别的本质，并勇敢地提出了要改变这种不平等的想法。与命运抗争的烈火在他胸中不停地燃烧。很快，陈胜就用实际行动燃起了革命的圣火。

陈胜、吴广的壮举，得到百姓们的热烈响应，人们"斩木为兵，揭竿为旗"，纷纷加入反秦行列。在陈胜、吴广的带领下，刚攻下蕲县不久，又连续攻克了铚、酂、苦、柘、谯等五个县城，很快，起义之火就蔓延到了中原大地。

陈胜虽然是农民出身，但颇具战略思想。在掌控了安徽、河南交界的大片地区之后，就做出了攻打河南淮阳这一战略要地的决策。在周朝及春秋时期，河南淮阳是陈国的都城；战国后期，成为楚国的都城；秦始皇统一六国以后，将此地定为郡治，由此可知，这一地区的确非常重要。所以，一旦将其攻克下来，必定会给秦朝带来沉重的打击。于是，起义军直逼河南淮阳。

这时,起义队伍已经相当庞大,拥有战车六、七百乘,骑兵一千多人,步兵数万。当地的郡守和县令听闻陈胜大军前来攻打,立即逃跑,只剩下郡丞战战兢兢地守在城内。守城的秦军,犹如惊弓之鸟,面对着强大的攻势,迅速地瓦解了。起义军气势如潮,冲进城内,将郡丞斩杀,县城很快就成为他们的囊中之物了。

占领淮阳之后,陈胜即刻召集当地的豪杰之士商议大计。这些人士虽多为贵族,没有受到过普通百姓的苦难,但都亲眼目睹了秦朝的残暴之政,加之看到陈胜大军在一个月内就连续攻克数县,对他非常敬重,都提议让陈胜自立为王。他们说道:"将军身披坚执锐,伐无道,诛暴秦,复立楚国之社稷,功宜为王。"不过,也有人存在不同的看法,认为若是陈胜称王的话,会使天下人认为他藏有私心,而不会跟从。陈胜经过深思熟虑,最后果断地决定要自立为王。

陈胜称王,以淮阳为都城,国号命为"张楚"。"张楚"是中国历史上第一个由农民阶级建立的政权。"张楚"虽是张大楚国的意思,但陈胜并没有以恢复楚国为目的,他想彻底推翻秦朝统治,解救黎民百姓于水火之中。这就是他在耕田时所说的"鸿鹄之志",是对"王侯将相宁有种乎"思想的实践,也是为统一号令大军而做出的战略性考虑的结果。以后的革命实践证明,陈胜做出称王的决定是十分必要的。

但后来,起义军内部矛盾逐渐恶化,最终导致陈胜被害,起义失败。陈胜从谋划起义,到自立为王,再到被害,前后不足 6 个月。然而,他燃起的起义之火却异常猛烈,几乎烧红了大半个中国。3 年之后,刘邦统领的起义军

《史记》

典

籍

攻克咸阳,彻底推翻了秦朝的统治。

陈胜被葬在芒砀山主峰西南。刘邦建立汉朝之后,追封他为"隐王",并安排了30户丁役为陈胜看守墓地,每年按照王侯的祭奠之礼为陈胜杀牲祭祀。

司马迁将陈胜撰入"世家",是因为他是最先带领农民反秦的领袖,而且是以平民起兵的第一人,司马迁将其列入"世家",将他的功绩与武王伐纣的功绩相提并论,将其视为动摇秦朝暴政、勇猛果断的伟大英雄,足见作者空前进步的历史观。

沧桑正道

【经典原貌】

屈平既嫉之,虽放流,眷顾楚国,系心怀王,不忘欲反,翼幸君之一悟,俗之一改也。其存君兴国而欲反覆之,一篇之中三致志焉。然终无可奈何,故不可以反,卒以此见怀王之终不悟也。人君无愚智贤不肖,莫不欲求忠以自为,举贤以自佐,然亡国破家相随属,而圣君治国累世而不见者,其所谓忠者不忠,而所谓贤者不贤也。怀王以不知忠臣之分,故内惑于郑袖,外欺于张仪,疏屈平而信上官大夫、令尹子兰。兵挫地削,亡其六郡,身客死于秦,为天下笑。此不知人之祸也。《易》曰:"井泄不食,为我心恻,可以汲。王明,并受其福。"王之不明,岂足福哉!

令尹子兰闻之大怒,卒使上官大夫短屈原于顷襄王,顷襄王怒而迁之。

屈原至于江滨，被发行吟泽畔。颜色憔悴，形容枯槁。渔父见而问之曰："子非三闾大夫欤？何故而至此？"屈原曰："举世混浊而我独清，众人皆醉而我独醒，是以见放。"渔父曰："夫圣人者，不凝滞于物而能与世推移。举世混浊，何不随其流而扬其波？众人皆醉，何不其糟而啜其醨？何故怀瑾握瑜而自令见放为？"屈原曰："吾闻之，新沐者必弹冠，新浴者必振衣，人又谁能以身之察察，受物之汶汶者乎！宁赴常流而葬乎江鱼腹中耳，又安能以皓皓之白而蒙世俗之温蠖乎！"

——节选自《史记·屈原贾生列传》

《史记》

典籍

【注析品读】

屈原对当前的朝政很是忧虑。虽然被流放外地，但依然眷恋着楚国，惦念着怀王，想要回到朝廷，希望君王能够醒悟，不良风气有所改变。他心中记挂着君主以及国家的兴衰，因此，有时在一篇文章中就多次提及自己的志向。但他最终也没有扭转自己所处的境况，实现辅佐君王，使怀王醒悟的愿望。

一国之君，无论他是聪慧还是愚钝，有才还是无才，都希望求得尽忠职守的贤明之士来辅佐自己管理国事。然而，国破家亡之事不断发生，圣明之君、贤德之士、太平盛世却在很多世代都未曾出现过，究其根源，所谓忠臣不

忠、贤士不贤。怀王因为不识忠臣，所以在对内政策上受郑袖的谗言所左右，在外交上被张仪所蒙骗，疏远屈原却相信上官大夫和令尹子兰两个奸佞之臣的话。结果，军队大败，大片国土被割占，丧失了六郡，怀王自己流落异乡，客死秦国，为天下人耻笑，这就是不知人的下场。《易经》上说："井水已经溢出来了而没有人饮用，这是一件多么令人痛心的事情呀！国君如果贤德圣明，那么大家都可以过上幸福安定的生活。"而怀王这样不明断，怎么能得到幸福呢！

令尹子兰听说这些话，暴跳如雷，于是让上官大夫在顷襄王面前说屈原的坏话，顷襄王非常恼怒，一气之下将屈原放逐了。

屈原来到江滨，在江畔一边行走一边吟诗，脸色尽显憔悴，形体枯瘦。一位渔翁认出了他，问道："您不是三闾大夫吗？怎么会来到江滨呢？"屈原回答道："全社会的人都污浊不堪，只有我是干净的，人们都昏昏沉醉，只有我是清醒的，所以我被君王放逐了，来到此地。"渔翁说："德行修为达到一定程度的人，他们对事物的看法并不是始终不变的，而是随着外界环境一同改变，既然全社会的人都是污浊不堪的，那你为何不变成和他们一样的人呢？大家都昏昏迷醉，你为何不拣些残羹剩酒来填饱肚子呢？"屈原回答道："我曾听说，刚刚洗过头发的人，一定要将帽子上的灰尘弹去，刚刚洗过身躯的人，一定要将衣服上的灰尘抖落干净，有谁愿意用清白之身，去沾染世上的污垢呢？我宁愿葬于江中，被江中的鱼吞食，怎么能让世俗的污浊沾染自己的德行呢！"

【知识链接】

屈原是楚国贵族出身,姓氏为芈(mǐ),与楚王相同,后来改姓熊。此姓氏由黄帝颛顼系统的祝融氏发展而来;芈姓族群自商朝时期迁至楚地,当传到熊绎一辈时,因建立功业,周王朝将楚地封赏给他们。以后,芈姓族群便定居在丹阳。

春秋时期,大约在公元前7世纪,楚武王熊通的儿子被封为"屈"地的诸侯,叫做屈瑕,此后,他的子孙后代就以屈为姓氏了。因此,楚王的本家与屈氏类似,此外,还有春秋时期的若敖氏、蓬氏、战国时期的昭氏、景氏。昭、屈、景是楚国王族的三大姓氏,而屈氏自春秋前期延续至战国后期,始终处于王族的高层,由此可知,这一家族可谓人才辈出。

由于屈姓一族与楚国的紧密关系,屈世一族在朝为官的有很多,屈重、屈完等屈氏后代子孙,都曾是楚国的重臣。传到屈原这一辈,屈氏一族逐渐没落,为朝廷效力的屈氏后人已经不多。屈原曾在《九章·惜诵》中这样写到:"忽忘身之贱贫",由此可推断出屈氏一族所处的境地不复往昔。

屈原共经历了楚国王朝三个时期的更迭,到楚怀王时期,七国鼎立已接近尾声,天下统一将不久矣。屈原出身贵族,长于治乱,专于辞令,初入朝廷,深受楚怀王信任,朝廷所有政策、诏令,皆由屈原拟定。

为振兴楚国,屈原竭力辅佐怀王实施变法图强的政策,对外坚持联合齐国,与秦国对抗,曾一度使得楚国成为经济发达、军力强大的国家。但是,屈原刚直不阿,与楚国腐朽的贵族集团产生了不可化解的矛盾。上官大夫等的嫉妒,群小的诬告,屈原渐渐失去了怀王的信任。

屈原被怀王免去左徒的职位,改任三闾大夫,管理三大王族姓氏的事物和宗庙祭祀事宜,还担任教育贵族子弟的职责。公元前 314 年,张仪来到楚国,用重金贿赂了上官大夫、郑袖等人,让他们诱骗怀王与齐国断绝往来。怀王得知受骗之后,非常愤怒,曾两度攻打秦国,却以失败告终。于是,怀王派屈原出使齐国,想让两国重修旧好。这时,张仪再次来到楚国,打算破坏"齐楚联盟"的活动,结果,联盟真的失败了。

怀王二十四年,秦楚建立了"黄棘之盟",楚国彻底被秦国"引入瓮中"。屈原被逐离郢都,来到汉北。怀王三十年,屈原重回郢都。这一年,秦王约怀王在武关会盟,屈原竭力劝阻怀王前往,而怀王的儿子子兰等却主张与秦王会面,并诬陷屈原有私心。结果,在会盟之日,怀王被秦国扣留,三年后客死他乡。

怀王被秦国软禁之后,顷襄王继位,子兰担任宰相,并与秦国断交。但是,顷襄王七年,为求苟安,竟与秦国联姻。屈原得知后十分气恼,极力反对这种可耻的行为,并斥责子兰间接地害死了怀王。于是,子兰又暗中指使上官大夫在顷襄王面前诬告屈原,致使屈原又一次被逐离郢都,流放至沅、湘地区。

在屈原流放的时间里,楚国的局势日益危急。顷襄王二十一年,秦朝大将白起攻破郢都,楚危在旦夕。次年,秦国再次攻打楚国。屈原眼看自己的国家气数将尽,悲愤之中曾欲投奔他国,然其终究眷恋自己的国土。悲痛之中,投身汨罗江中,躯体和理想共同沉于江底。

为，从此闭门不出，将以前读过的书籍又仔细认真地通读了一遍。在苦读太公《阴符》的时候，每当困倦之时，就用锥刺自己的大腿，便有了后来"锥刺股"的故事。

后来，他改变原来游说秦国的策略，把目光投向六国，使六国合纵抗秦，兼任六国之相。苏秦衣锦还乡，妻子和大嫂跪在地上，很久都不敢抬头看他。

游说六国期间，苏秦首先被燕昭王派往齐国，实行反间计，使齐国疲于作战，以便燕国趁机攻打齐国，劝说齐国与赵国等五国共同抗击秦国，迫使秦王废去帝号，归还魏赵被侵占的城池。之后，齐国趁宋国不备之际，将宋国消灭。后来，燕国大将乐毅带领五国大军攻打齐国。不料，苏秦的反间计划被拆穿，被处以车裂之刑。

苏秦以唇舌之辩促成六国合纵之势，使虎狼般的秦国龟缩在函谷关长达15年，他配六国相印，往来于六国之间，叱咤风云。后世敬仰他的成就，以"苏秦背剑"来为武术定式命名，非常贴切生动，更建立在其纵横捭阖的层面上。

真人不鸣

【经典原貌】

窦太后好《老子》书，召辕固生问《老子》书。固曰："此是家人言耳。"太后怒曰："安得司空城旦书乎？"乃使固入圈刺豕。景帝知太后怒而固直言无罪，乃假固利兵，下圈刺豕，正中其心，一刺，豕应手而倒。太后默然，无以复罪，罢之。居顷之，景帝以固为廉直，拜为清河王太傅。久之，病免。

今上初即位，复以贤良征固，诸谀儒多疾毁固　，曰"固老"，罢归之。时固已九十余矣。固之征也，薛人公孙弘亦征，侧目而视固。固曰："公孙子，务正学以言，无曲学以阿世！"自是之后，齐言《诗》皆本辕固生也。诸齐人以《诗》显贵，皆固之弟子也。

——节选自《史记·儒林列传》

【注析品读】

窦太后喜欢阅读《老子》，便召来辕固生谈谈对此书的看法。辕固生说道："这不过是普通人的言辞而已。"窦太后听后非常恼怒，说道："它怎么能和儒家所说的律令相提并论呢？"于是，让辕固生跳入兽圈去刺杀野猪。景帝知道辕固生因直言不讳触怒了太后，而并没有实际意义的罪名，于是便赐予他一把利器。辕固生进入兽圈刺杀野猪，一剑刺去，正中其心，野猪立即倒在地上。太后无话可说，没有任何理由再为他定罪，只得作罢。不久之后，景帝因辕固生为人正直廉洁任命他为清河王刘承的太傅。多年之后，他因身患重病而免去官职。

新帝刚刚登基,辕固生因品性贤良而再次被征召入朝。一些善于阿谀奉承的儒生们因为嫉妒辕固生,便四处散播不利于他的言辞,有人说道:"辕固生已经老了,不能委以他任何官衔",于是他被罢官归乡。此时,辕固生已经是九十岁高龄的老人了,与他一同被征召入宫的还有薛邑人公孙弘,一直以来都不敢正视辕固生。辕固生说道:"公孙先生,要以正直的学问谈论世事,不可用邪曲之说去谄媚世俗。"从此以后,齐人探讨《诗》中的学问,大都以辕固生的一些理论为依据,通过研习《诗经》而有所作为的齐国人,大多出自辕固生的门下。

【知识链接】

辕固生,亦称辕固,西汉齐国人,在汉景帝时期,官拜博士。辕固遵从儒家思想,认为桀纣鱼肉百姓,大失民心,因此,武伐纣是为百姓讨回公道,是救百姓于水火之中。君主荒淫暴虐,不施仁政,那么他就不是百姓真正的君主,人们是可以杀他的。

公元前 140 年,汉武帝登基,接受董仲舒的建议,"罢黜百家,独尊儒术"使儒家思想达到了一个至高点。随着儒家思想的广泛传播,儒生也得以被朝廷重用,90 多岁的辕固生被请到长安,与他同来的还有薛邑人公孙弘,他告诫公孙弘道:"公孙子,务正学以言,无曲学以阿世。"后来,辕固生因年龄太大,加之其他儒生的嫉妒和散播谣言,不久,便罢官回乡。

辕固生勤勉善思,在儒家学说的发展中产生了深远的影响。司马迁说:"言《诗》,于鲁则申培公,于齐则辕固生,于燕则韩太傅;言《尚书》自济南伏生;言《礼》自鲁高堂生;言《易》自菑川田生。"意思是,对《诗经》的研究和解

读,最有造诣的当属鲁人申培公,齐人辕固生,燕人韩太傅;对《尚书》的研究和解读,最有造诣的是济南人伏生;对《礼》的研究和解读,最高造诣的是鲁人高堂生。

辕固生不仅对儒家经典颇有研究,而且十分擅长教育弟子。当时,在他门下求学的有很多人,凡在仕途上有所作为的人,大多是他的弟子,史称"诸齐以《诗》显贵,皆固之弟子也"。

学术思想的发展,总是与社会的发展息息相关。秦代横征暴敛,刑法森严,怨声不断。陈胜、吴广揭竿起义,一呼百应,偌大的帝国统治也为之动摇。随后,项羽、刘邦承载民声,推翻了秦王朝。汉高祖刘邦建立新的政权,他吸取了秦亡的教训,采用休养生息之道,尊奉黄老之说,实施无为而治。这种做法在汉初时期起过一定的积极作用,史称汉初呈现"天下晏然,刑罚罕用,罪人是希。民务稼穑,衣食滋殖"的局面。但是,老子主张的"无为",并不是纯粹的"无所不为",结果,汉文帝时期,社会矛盾开始趋于恶化,内忧外患逐渐加深。"清静无为"的思想,已经难以控制天下的局势。

面对天下大势混乱的局面,儒生们纷纷提出治理之说,儒生贾谊认为仁政与法制两者应该很好的结合在一起,只要二者张弛有度,一切忧患便可解决。但是,汉文帝并没有接受这种建议,依旧遵从无为的思想,对地方侯王仍然姑息迁就。待地方势力积蓄到一定程度需要释放的时候爆发了内乱,景帝三年的时候,著名的"吴楚七国之乱"就此上演了。

西汉文帝、景帝时期,儒学的发展处在上升阶段,此时黄老之学依然有它不可动摇的影响,而这种趋势正处在顶峰时期。当时,政治上颇为强势的窦太后喜好黄老学说,曾多次劝阻汉武帝实施的"罢黜百家,独尊儒术"。尽管儒家思想所带来的影响的覆盖面并不是十分的深远,但道家已开始向儒家靠近。

辕固认为,在对某些现实问题的解释中,显示出了道家思想存在的片面性,在这一点上它与儒家思想是没有抗衡能力的。事实证明,儒家取代道家地位的时代已经到来。辕固生的自信与坚持,极大地推动了"独尊儒术"政策的实施。

第五章

《吕氏春秋》

第一节 《吕氏春秋》简介

一、《吕氏春秋》的成书背景

《吕氏春秋》，又名《吕览》，是一部古代类似于百科全书的鸿篇巨制，有八览、六论、十二纪，共二十多万言。该书大约写成于公元前239年，也就是秦朝统一天下的前夕，由战国末年秦国丞相吕不韦组织其诸多门客所编。吕不韦认为，此书包含了天地万物以及从古至今的事理，故将其命名为"吕氏春秋"。

吕不韦最初是秦国一商人，以投机倒把的经营方式，积累起了丰厚的财富。在赵国经营生意的时候，巧遇在此做人质的子楚，两人交谈甚欢，而吕不韦也意识到子楚日后定有作为，于是便愿散千金为其疏通人脉。功夫不负有心人，最终，子楚继承了王位，也就是秦庄襄王，任吕不韦为丞相。

当时的秦国势力以不可小觑,各个诸侯国为了抵制秦国的入侵纷纷招揽贤士,供养门客之风很是盛行。吕不韦见六国诸侯王皆有谋士辅佐,便也效仿此做法,礼贤下士,门客达到三千人之多。在他的门客中,大多是文人,少有武将,这和他善于谋略的处事作风是分不开的。此时的秦国已经足够强大,骁勇善战者也不在少数,武士已体现不出他们的优势。况且在吕不韦的心中一直想使自己流芳千古,又见辞令家们纷纷著书立说,便想着借门客们的学识帮助自己完成这一愿望。

那时,各个国家都有很多才辩之士,大多都可以著书立说,流传天下。吕不韦将此般人等皆网罗于门下。等到一切准备妥当,吕不韦就命令学者们,凡能够撰写文章者,都要把自己的见闻和感想写出来。众人的文章交上来之后,上下四方、天地万物、古往今来等无所不包,还出现了很多重复性的文章。吕不韦又挑选出撰文高手,将所有文章分类、筛选,综合成为一本书,最后命名为《吕氏春秋》。

吕不韦对这部书十分看重,在完成之后,多次让门客们校对,直到确认无误为止。在他看来,《吕氏春秋》是书中之典范,并夸下海口,说道该书包揽了世间万物之理,从全书总序的《序意篇》中就可以洞悉这种思想,说道:"凡十二世纪者,所以纪治乱存亡也,所以知寿夭吉凶也,上揆之天、下验之地、中审之人,若此,则是非可不可无所遁矣。"

吕不韦可谓是个精于炒作之人,为了精益求精,扩大影响,他想出了一个颇具现代销售理念的办法:将书中的文字抄好后,悬于城门处,并扬言如发现书中有不足便可得黄金万两。这件事很快引来了众人的关注,各国的

《吕氏春秋》

典籍

游士宾客、才学之人都来观看,可是没有一人能够对其加以更改。当然,这也不能说明此书已经完美得无可挑剔,很可能是世人惧怕吕不韦的威势,而不愿惹事罢了。

然而,经过这样一番炒作,产生了很大的轰动效应,《吕氏春秋》和吕不韦的大名顷刻间成为各国议论的热点。这部书写成于战国时期,作者不一,因此,保存了很多古代的遗文佚事和思想观念,这些都是值得研究的。

《吕氏春秋》汇集了先秦各家的理论,既有儒墨的学说,也有法家的理论,所以,史称"杂家"。吕不韦撰写此书的目的,主要是想扩大自己的影响,流芳百世,但他也的确为文化事业做出了贡献,其功劳是不可磨灭的。

二、《吕氏春秋》的分篇

《吕氏春秋》共有二十六卷,二十余万字,内容庞杂,包含儒、墨、道、法、农、兵、纵横、阴阳家等各家学派的思想,因此被后世称为"杂家"。然而,此书虽然内容繁杂,却具有一定的系统性。比如,该书中的一篇文章中说道:"天下无粹白之狐,而有粹白之裘,取之众白也。"由此可知,《吕氏春秋》是一部集中了各家之精华的巨著。它以道家理论作为全书的主要枝干,兼容其他各家的学术思想。吕不韦认为《吕氏春秋》对各家思想的统筹完全是根据客观事实,并不存在偏见。因为"私视使目盲,私听使耳聋,私虑使心狂。三者皆私没精,则智无由公。智不公,则福日衰,灾日隆。"

全书以十二纪为主旨,分为《春纪》、《夏纪》、《秋纪》、《冬纪》四个部分。其中,每纪包含15篇,共为60篇。本书以"法天地"为基本原则编撰出来,十二纪为"大圜"的天的象征,因此,这部分用12个月作为组合文章的依据。《春纪》主要探索养生之术;《夏纪》探究教学之道和音乐之理;《秋纪》探讨军事策略;《冬纪》品评人的品性问题。

八览,现存63篇,应该有所遗失。内容从盘古开天辟地谈起,一直谈论到治国之道以及如何识辨事物、如何用人、为君等。六论,包含36篇,汇集各家学术思想。

在《史记》中,司马迁将《吕氏春秋》与《周易》、《春秋》、《离骚》等并列,可见其对此书予以了很高的评价。东汉的高诱曾为《吕氏春秋》作过注解,他认为此书的成就超过了其他诸子的著作。

三、《吕氏春秋》的思想

《吕氏春秋》对先秦各家的学术思想进行了总结。《不二》篇中写道:"老聃贵柔,孔子贵仁,墨翟贵廉,关尹贵清,列子贵虚,陈骈贵齐,阳生贵己,孙膑贵势,王廖贵先,倪良贵后。"它认为,这些思想各有所长,主张将它们统一、整合起来,只有集各家之所长,才能使其发挥作用,合理地利用到治理国家的范畴中。

其实,统一的过程是一个吸收和摒弃的过程,《吕氏春秋》所包含的各家思想,是经过评判和改造之后的思想。例如,儒家倡导的维护君权,这一思想被《吕氏春秋》吸收并加以改造,演变成拥护新"天子",即倡导建立封建集权式的国家,也就是《执一》中所说的"天下必有天子,所以一之也,天子必执一,所以抟之也。一则治,两则乱。"其中,"执一"和"抟"指的是中央

《吕氏春秋》

典籍

集权。儒家思想的确主张维护周王朝的统一,但并未倡导"专制",《吕氏春秋》为其冠上了"执一"、"抟"理念。这是对儒家思想的改造。

《吕氏春秋》依据宋尹学派的思想,对物质起源精炼出了自己的观点。宋尹学派认为:"凡物之精,此则为生,下生五谷,上为列星。"《吕氏春秋》将其演化为"万物所处,造于太一,化于阴阳。"也就是说,"太一"为万物之源,世间万物都是由"太一"孕育而来。所谓"太一",看不见,听不到,没有固定的形状,也就是"道"、"精气"。从中可以明显地看出老子的思想内涵。《吕氏春秋》认为,"道"孕育出的万物处于不断运动的状态中,无论是天上星辰日月,还是地上的水石草木,始终处在运动之中。但是,它把万物的运动视为循环反复的过程。

历史的车轮滚滚向前,时间和空间不断交换,物是人非,于俯仰之间慨叹人生。现在的人看以前的人,犹如后世的人看现在的人;看清楚过去,有助于理解现在。但是,对过去的看法,并不是一成不变的,而应当是随着社会的发展而不断变化的。它还用两则寓言来证明这一道理:

一则为,一楚人在坐船时不慎将随身所佩的宝剑落入水中,此人立即在船上做了一个记号,待船靠岸时,那人从船上的标记之处跳进了水里,想要把宝剑捞上来。可是,船是不停地运动的,而宝剑并没有跟随船一同运动,因此,想要在船靠岸之处寻回宝剑,不是太荒唐了嘛!

另一则为,楚国人想要渡过澭水偷袭宋国,于是派人事先测量了一下水位。楚人依照先前测量的数据准备着偷袭事宜,就在偷袭的那天夜晚,澭水的水位突然猛涨,毫不知情的楚国人遇到突然猛涨的澭水惊慌不已,最后导致损兵折将,偷袭不成反蚀把米。楚国的偷袭之所以失败,是因为他们没有根据事物的变幻而进行相应地调整,想要以不变应万变,就要做好十足的把握,这样才能取得最后的胜利。

社会不停地变迁,时代不断地发展,这两则寓言用来讽刺那些思想一成不变的人,生动地表明了《吕氏春秋》的发展历史观。

《吕氏春秋》

《吕氏春秋》还具有一定的音乐美学思想。它从"心"、"物"感应关系出发,探讨了音乐产生的心理过程,认为音乐的产生与世间万物具有密不可分的关系,即"生于度量,本于太一",同时它还认为要想获得美的感受,就要遵循"适"的原则,强调身"适"和心"适"的统一。

典籍

《吕氏春秋》包含着先秦各家的学说,记录了很多古史轶事、古人遗语以及一些朴素的科学知识,其中有许多内容都是其他书籍中未曾涉及的。因此,它获得了古人的很多褒奖。司马迁认为它"备天地万物古今之事"。实际上,《吕氏春秋》的确具有一定的思想价值,很多篇章都蕴含着深刻的哲理,但它并非一部系统的哲学著作,而是一部颇具资料价值的典籍。书中叙述的一些寓言故事,直到今天,依然脍炙人口,具有深刻的教育意义;此书还记载了大量的旧说传闻,具有很高的理论价值和史料价值,值得后人参考和借鉴。不过,书中也包含一些迷信思想,应当予以摒弃。

第二节 《吕氏春秋》中主要作品阅读赏析

大材无用

【经典原貌】

庄子行于山中,见木甚美,长大,枝叶盛茂,伐木者止其旁而弗取,问其故,曰:"无所可用。"庄子曰:"此以不材得终其天年矣。"出于山,及邑,舍故人之家。故人喜,具酒肉,令竖子为杀雁飨之。竖子请曰:"其一雁能鸣,一雁不能鸣,请奚杀?"主人之公曰:"杀其不能鸣者。"明日,弟子问于庄子曰:"昔者山中之木以不材得终天年,主人之雁以不材死,先生将何以处?"庄子笑曰:"周将处于材、不材之间。材、不材之间,似之而非也,故未免乎累。若夫道德则不然:无誉无訾,一龙一蛇,与时俱化,而无肯专为;一上一下,以禾为量,而浮游乎万物之祖,物物而不物于物,则胡可得而累?此神农、黄帝之所法。若夫万物之情、人伦之传则不然:成则毁,大则衰,廉则剉,尊则亏,直则骪,合则离,爱则隳,多智则谋,不肖则欺,胡可得而必?"

——节选自《吕氏春秋·必己》

【注析品读】

一次,庄子在树林中行走的时候,看到一棵树干挺拔,长势旺盛的大树,伐木者站在它的近旁而没有将其砍伐。庄子非常好奇,上前去问伐木者原因,那人回答道:"这棵树已经没有什么利用价值了。"庄子叹道:"这棵树因为没有用处,做不了任何器具,所以能够终其天年啊。"庄子走出山林之后,来到县邑的好友家中。友人十分高兴,置备酒肉,命童仆杀鹅招待庄子,童仆举棋不定,不知是杀会叫的那只鹅还是不会叫的那只鹅,为此前来询问友人,主人的父亲告诉他杀那只不会叫的鹅。

次日,弟子向庄子请教道:"山中的树木因为没有利用价值而被舍弃,最终能够终其天年,友人家的鹅因为不鸣叫而被烹食,请问先生,您属于成材者还是不成材者呢?"庄子笑着说道:"我是介于成材与不成材之间的人。处在成材与不成材之间的位置上,看似是最为恰当的位置,实际上并不是这样的,还是不可避免地招致祸患。不过,若是依据道德来行事的话,就可以免除了:既得不到赞美,也不会遭受诽谤,有时为龙,有时为蛇,根据现实的变化而变化,而不专属一物;有时身居高位,有时沦为平庸,一切都顺其自然,在万物的原始状态中漫游,支配万物而不被万物所支配,这样怎么会遭受祸患呢?这就是神农、黄帝所崇尚的处世精神。但涉及到万物之情、人伦相传之道的话,就不符合这一道理了。成功了就会面临毁灭的危机,强大了就会渐趋衰弱,锋利了就会逐渐破损,尊贵了就会有倾覆的危险,直了会变得弯曲,聚合了就会有分散的趋势,受到关爱也会被废弃,智谋多了就会惹人算计,不贤德就会遭到欺凌。因此,做人怎么可以偏执一方并加以依靠一生呢?"

【知识链接】

庄子,名周,字子休,先秦时期杰出的思想家、政治家,后人将他与老子合称为"老庄"是道家学派的主要创始人之一,因隐居南华山,唐玄宗时期诏封为南华真人。

《吕氏春秋》

典籍

从庄子与老子的文才上来看,庄子更胜一筹,他著有《庄子》,含10多万字,带有浓厚的浪漫色彩,其中的很多篇章都很著名,比如《逍遥游》、《齐物论》等。庄子倡导"天人合一"和"清静无为"的思想,他的学说理论可谓包罗万物,涉及到社会生活的很多方面,但其根本精神还是源于老子的哲学思想。

他的哲学思想包含着朴素的辩证法因素,认为世间万物都处在变化之中,提出"天道无为"的思想。在庄子看来,"道"是永恒存在的,是在天地产生之前产生的。他认为任何事物自然形成的要比人工雕琢的好,提倡"无用",即真正有用的东西不能用世俗的标准来衡量。比如,一棵难看的树被世俗视为无用,若是作为房梁的话,它太弯了;若是做握柄的话,它太难看了;若是做车轱辘的话,它长得不行。而庄子却认为,无用就是有用,毫无用处便是大有用处。因此,庄子倡导无用精神,即"道"的最高境界是没有界限的,属于唯心主义范畴。

庄子主张"无为",即放弃所有虚妄的行为。他还认为事物都是相对的,幻想"天地与我并生,万物与我为一",带有强烈的主观色彩。政治方面,他提倡"无为而治",不倡导一切社会制度。

对于事物存在的矛盾,庄子并不否认,但认为主观上可以将矛盾摆脱。庄子用"无为"来解释这一现象,不过,与老子有所不同的是,这里的"无为"强调的是心灵不被外物所牵绊,处于绝对自由、没有拘束的状态之中,也就是"无待"。这种状态下的人,抛弃了富贵、权利、名誉,从而达到"乘天地之正,而御六气之辩,以游无穷"的境界,也就是心与"道"合为一体的境界。

珍爱生命

【经典原貌】

倕,至巧也。人不爱倕之指,而爱己之指,有之利故也。人不爱昆山之玉、江汉之珠,而爱己一苍璧小玑,有之利故也。今吾生之为我有,而利我亦大矣。论其贵贱,爵为天子,不足以比焉;论其轻重,富有天下,不可以易之;论其安危,一曙失之,终身不复得。此三者,有道者之所慎也。有慎之而反害之者,不达乎性命之情也。不达乎性命之情,慎之何益?是师者之爱子也,不免乎枕之以糠;是聋者之养婴儿也,方雷而窥之于堂;有殊弗知慎者。夫弗知慎者,是死生存亡可不可,未始有别也。未始有别者,其所谓是未尝是,其所谓非未尝非,是其所谓非,非其所谓是,此之谓大惑。若此人者,天之所祸也。以此治身,必死必殃;以此治国,必残必亡。夫死殃残亡,非自至也,惑召之也。寿长至常亦然。故有道者,不察所召,而察其召之者,则其至不可禁矣。此论不可不熟。

——节选自《吕氏春秋·重己》

【注析品读】

　　倕是一个心灵手巧的人。人们对倕的手指并没有多加爱护,反而是爱护自己的手指多一点,这是因为自己的手指对自己本身有利的缘故,人们对昆山的宝玉、江汉的明珠并没有过多的偏爱,却对自己的一块布满瑕疵的宝石、一颗并不圆润的小珠子爱护有加,因为属于自己的东西才会对自己有用。

　　现在,我的生命是属于我自己的,它能够为我带来许多好处。从贵贱的角度来看,即使是地位最为尊贵的天子,也不能和它比较;从轻重的角度来讲,即使拥有天下的财富,也不能把它换走;从安危的方面来说,如果某天失去了它,就再不会得到。

　　这三方面内容,是有道行的人注意的地方。有的人即使很注意,还是损害了它,这是因为他们没有领悟到人性与生命的真谛。没有领悟人性与生命的真谛,注意它又有什么用呢? 这就好比盲人再如何疼爱孩子,也难免会让他睡在谷糠上;聋人教育孩子,打擂的时候却让他在室内向外观望。这比起不懂得注意的人还要危险。

　　不懂得注意的人,对生死存亡、可以与否,从未辨识清楚。没有辨识清楚,则他们认为正确的就不一定正确,他们认为错误的也未必不正确。这种人是非常糊涂的人,是上天降祸的对象。用这样的心态来修身,必会遭致祸患,必会走向毁灭;以此种态度来治理天下,必定会一片混乱。这种祸患不是自动找上来的,而是糊涂招惹来的。长寿也是同样的道理。因此,有道行的人,不过分地看重某件事的结果,而察看造成结果的原因,那么事情的结果就是不可控制的了。这一道理一定要彻底理解。

【知识链接】

余闻上古有真人者,提挈天地,把握阴阳,呼吸精气,独立守神,肌肉若一,故能寿蔽天地,无有终时。

——《素问·上古天真论》

享有万贯家财,却不知道养生的方法,终会招致祸患。一味地坐车,而不愿徒步的人,尽量让自己的身体享受安逸,很容易导致足病;一味地饱食肥肉、美酒,很容易导致肠胃疾病。因此,在古代,有的人是不想要富贵的,因为他们重视生命。

孔子讲:"食色,性也。"对食与色的追求乃是人类的天性,所以,古往今来,很多人将安逸的生活、美酒佳肴、莺歌燕舞、美色环绕等作为人生的目标。这本身没有什么错,但是,如果一味地追求这些,并将此作为人生的终极目的,则与生命的真谛背道而驰。尊重生命的节律,懂得"养生",应当远离奢靡的生活,真正地爱惜自己。

人应该保持自己的操守,洞悉生命的真谛,顺应自然规律,"忧劳可以兴国,逸豫可以亡身。"贫贱之时不怨天尤人,保持安贫乐道和积极向上的心;富贵的时候不沉迷,不放纵,保持自身的气节,节制欲望,警惕导致祸患的根源。

《吕氏春秋》

典籍

中华国学阅读

星火燎原

【经典原貌】

　　楚之边邑曰卑梁，其处女与吴之边邑处女桑于境上，戏而伤卑梁之处女。卑梁人操其伤子以让吴人，吴人应之不恭，怒杀而去之。吴人往报之，尽屠其家。卑梁公怒，曰："吴人焉敢攻吾邑？"举兵反攻之，老弱尽杀之矣。吴王夷昧闻之怒，使人举兵侵楚之边邑，克夷而后去之。吴、楚以此大隆。吴公子光又率师与楚人战于鸡父，大败楚人，获其帅潘子臣、小惟子、陈夏啮，又反伐郢，得荆平王之夫人以归，实为鸡父之战。凡持国，太上知始，其次知终，其次知中。三者不能，国必危，身必穷。孝经曰："高而不危，所以长守贵也；满而不溢，所以长守富也。富贵不离其身，然后能保其社稷，而和其民人。"楚不能之也。

——节选自《吕氏春秋·察微》

【注析品读】

　　楚国的边境有个叫卑梁的城邑，该城邑的姑娘经常会和吴国边境城邑的姑娘一同采桑。年轻的姑娘在一起经常嬉戏、打闹，难免有失手中伤的时候，这一日，卑梁的人带着受伤的姑娘到吴国人家中讨要说法，不料，吴国人不仅没有认识自己的错误，还出言不逊，情绪失控的卑梁人一气之下将吴国人杀死了。吴国人到卑梁去报仇，把那个卑梁人的一家老小都给杀了。

　　卑梁的守邑官吏非常愤怒，说道："吴国人胆大包天，竟然来攻打我的城邑。"于是，守邑官吏派兵反击吴国人，杀害了很多吴国的百姓。吴王夷昧听到此事后非常生气，派兵攻打楚国的边境地区，攻占夷后才撤兵。后来，吴、楚两国进行了大规模的征战。吴国公子光带兵与楚国军队在鸡父作战，击败楚军，并俘虏了楚军将领潘子臣、小帷子和陈国的大夫夏啮。随后，又进兵郢都，获得平王的夫人后撤兵回国。这就是历史上著名的鸡父之战。

主持国事，首先应了解事情最初的情况，其次要能够预料某项决定的结局，再次还要清楚事情的经过。如果这三点都没做到，那么国家必定会陷入危险之中，自身也会被困于窘境。《孝经》上说："身居高位而不倾危，则可以长时间地保持尊贵；满而不外溢，就会永远地保持富有。富贵永远留在身边，才可以保住国家，并安定臣民。"然而，楚国不懂得这个道理。

【知识链接】

公元前 546 年，晋、楚、宋、齐、秦、许、邾、滕等 14 国举行春秋第二次弭兵会盟。此次会盟是由宋国大夫倡导的，会盟之后，中原诸侯国保持了相对和平的局面。

齐、秦、晋、楚四个实力较强的国家，因国内矛盾渐趋恶化，国势衰微，于是放慢了争霸中原的脚步。地处长江流域下游的吴国和越国，逐渐发展起来，也力图争霸中原。吴国原是依附楚国的小国，新王登基，励精图治，将其迅猛的发展成为了一个新兴的国家。晋国为了与楚一争雌雄，采取联吴制楚

的策略,主动与吴国结盟,这样一来,吴国可以从侧面攻击楚国,起到牵制楚国的作用。正在崛起的吴国,为了能够在中原占有一席之地,同时也为了打击楚国,摆脱臣属于楚国的地位,便答应了晋国的结盟请求;吴国还积极使用武力,与楚国争夺淮河流域。

从寿梦到吴王僚的60多年里,吴楚不断发生战争,却无常胜一方。吴国虽多次溯江攻楚,但收效甚微,吴楚两国的对立因淮河流域的存在始终没有得到解决。特别是州来这个地区,它处于淮河流域的中心,东临钟离、南临居巢,三者互为犄角,这是吴国始终无法攻克的地带。虽然吴国曾经两次占领州来,但最终还是被楚国夺回。

公元前519年,吴王再次率领军队攻打州来地区。楚平王得知后,派司马薳越统率楚、顿、胡等七国军队前去迎战,还命令令尹阳匄前去督师。吴军见楚军兵力强大,便将包围州来的兵力撤到钟离,然后再伺机而动。楚令尹阳匄病死在军营中,致使楚军士气低落。司马薳越只好将军队撤回鸡父,重做休整。

吴公子光得知楚军撤退的消息,认为这是进攻的大好时机,于是向吴王建议尾随楚联军,伺机进攻。他说:"楚军的诸侯虽然很多,但都是些实力弱小的国家,而且都是因为楚王的威胁才前来助战的,更重要的是,他们都有各自的弱点:胡、沈两国的君主年纪很小,且骄傲狂妄;陈国的主帅夏啮强硬顽固;顿、许、蔡等国始终对楚王怀恨在心。因此,楚联军可谓一军多心,这正是我们可以利用的地方。至于楚军内部,也有我们可以利用的弱点,他们的主帅刚刚病死,楚军士气低落,司马薳越没有什么战争经验,其威势无法重振军队的士气,根本不可能统一政令。所以,楚军看似强大,其实非常虚弱,我军很有可能战胜。"

吴王僚同意了他的说法,制定出具体的作战策略:迅速追赶楚军,到达鸡父的第二天再发起进攻,利用当天"晦日"(古人认为,晦日打仗不吉利)的条件,攻其不备,出奇制胜。在兵力部署方面,先派遣一部分兵力攻打胡、沈、陈的军队,搅乱各个诸侯的军队,然后集中全部兵力攻打楚军主力。同时,采取"去备薄威"、"敦阵整族猛攻之"的作战方法。

部署周密的吴军借晦日之便迎战楚军于鸡父。楚司马薳越仓促之时,命诸侯军队前去应战,以掩护楚军。吴军以囚徒作为诱饵,引楚军到埋伏圈中。交战不久,吴国的刑徒士兵就溃不成军,慌忙撤退。诸侯军队贸然追赶,结果,落入了吴军主力的伏击圈中。吴军的三队人马从天而降,以迅雷不及掩耳之势击败了诸侯军队,并杀了胡、沈国君和陈国大夫夏啮。

随后,吴军故意放走俘虏的诸侯士兵。这些士兵没想到能够活着逃出,便一路狂奔,还大喊着:"我们的国君死了,我们的大夫死了!"这样一来,其他诸侯军队皆陷入惊恐慌乱之中。吴军乘胜追击,擂鼓呐喊,直逼楚军其他诸侯的军队。诸侯之军早已人心涣散,乱作一团,不战而溃。楚军还没有来得及列阵,就被惊慌失措的诸侯之军所扰乱,很快便溃败下来。结果,吴军大获全胜,并占领了州来。

楚军因鸡父一战的失利,失去了对吴作战的优先权。从此以后,楚军再不敢轻易地攻击吴军,基本上陷入了防御的境地,逐渐落入了被动地位。终于,在公元前506年,被吴国攻破都城,伤了元气。

《吕氏春秋》

典籍

鼠目寸光

【经典原貌】

昌国君将五国之兵以攻齐。齐使触子将,以迎天下之兵于济上。齐王欲战,使人赴触子,耻而訾之曰:"不战,必若类,掘若垄。"触子苦之,欲齐军之败,于是以天下兵战。战合,击金而却之,卒北,天下兵乘之,触子因以一乘去,莫知其所,不闻其声。达子又帅其余卒,以军于秦周,无以赏,使人请金于齐王。齐王怒曰:"若残竖子之类,恶能给若金?"与燕人战,大败,达子死,齐王走莒。燕人逐北入国,相与争金于美唐甚多。此贪于小利以失大利者也。

——节选自《吕氏春秋·权勋》

【注析品读】

昌国君将以五国的兵力去攻打齐国,齐国派触子为将,在济水边迎战各国的军队。齐王在与五国开战之前,派人到触子家中传话,用侮辱以及傲慢的态度对他说:"如果在战场中失利,你的家人会受此事牵连,供奉的庙堂也将不复存在!"触子听后,心中很是悲凉,只盼五国能够击败齐国。于是,在双方刚刚交战的时候,触子便命人鸣金退兵,齐军不战而败,五国军队乘胜追击,触子乘坐事先准备好的车子不知所踪,没有人知道他的消息。齐军的将领达子在此时肩负起重任,率领残余部队驻扎在秦周,时间一长,一些军需物资开始匮乏,于是便派人向齐王要求赏赐。齐王以他们是残兵败将为由,拒绝支付他们任何金钱。齐军和燕军交战,齐国战败,将军达子也在这场战役中身亡,齐王逃到了莒。燕国人追逐战败的齐国人进入齐国的国都,在美唐相互争夺抢走了很多金子。这就是贪图小利而失去更大利益的例子啊!

【知识链接】

"夏,楚武王亲伐绞国并包围其南门,莫敖屈瑕进谏,绞乃小国力量轻微,力量轻微者定必寡谋,无谋者可以诱惑之,武王听从,瑕遂派采樵者诱使绞人出城,首日,绞人获三十人,次日,绞人争出追逐楚役徒於山中,楚人断其退路,伏兵自山上冲杀而下大败绞人。"

春秋战国时期,楚国派兵攻打绞城,气势如虹。绞城的首领知道无法出城与楚军正面交战,于是便闭门不出,坚守城池。见到绞城的首领不肯出兵,楚国军士便下令强攻,可是,绞城地势险要,堡垒坚固,易守难攻,这样相持了一个多月,楚国也没有将绞城拿下,楚王十分的恼火。

这时,楚国的大夫屈瑕经过分析之后,便向楚王献上了一个计策。他说:"绞国是个小国,国家小,其谋臣也就会很少,没有好的谋臣我们便可以采取利诱的办法。楚王听后,觉得屈瑕说的非常有道理,便问他采取什么样的方式引诱绞城的人呢。屈瑕建议:我军在此围困绞城已经一个月的时间了,绞城之内肯定缺少柴火,所以,我们可以乘机让我

《吕氏春秋》

典籍

第147页

们的人化装成樵夫,上山砍柴,敌人一定会出来抢夺柴火,等到大批军士出来抢夺柴火之时,我们便可以趁机一举歼灭。楚王听了,认为这个建议十分好,便欣然应允了。

第一天,楚王派了一些士兵装扮成了樵夫,三三两两的上山砍柴。绞城的人见了,待查看没有士兵跟随之后,便委派了人马,很顺利的将这些运柴火回来的樵夫抓了回去。第二日,又有一些樵夫出来砍柴,又被绞城的人顺利的带回了城里。这时,绞城的某些大臣起了疑心,但是绞城的首领并没有认同。就这样,绞城见有利可图,便派出了大量的兵士去抢夺,谁知,这时杀声四起,楚国将士蜂拥而上,绞城的兵士才知道中计,慌忙逃窜,却被楚军断了退路,死伤惨重。趁此机会,楚国军队开始攻打绞城,绞城首领见大势已去,只好投降。

明主明断

【经典原貌】

舟车之始见也,三世然后安之。夫开善岂易哉?故听无事治。事治之立也,人主贤也。魏攻中山,乐羊将,已得中山,还反报文侯,有贵功之色。文侯知之,命主书曰:"群臣宾客所献书者,操以进之。"主书举两箧以进。令将军视之,书尽难攻中山之事也。将军还走,北面再拜曰:"中山之举,非臣之力,君之功也。"当此时也,论士殆之日几矣,中山之不取也,奚宜二箧哉?一寸而亡矣。文侯贤主也,而犹若此,又况于中主邪?中主之患,不能勿为,而不可与莫为。凡举无易之事,气志视听动作无非是者,人臣且孰敢以非是邪疑为哉？皆壹于为，则无败事矣。此汤、武之所以大立功于夏、商，而勾践之所以能报其雠也。以小弱皆壹于为而犹若此，又况于以强大乎？

——节选自《吕氏春秋·乐成》

【注析品读】

船和车应用在生活中以后，历经三代，人们才适应了这些交通工具。开始做善事怎会十分容易呢？因此，听信愚人的言论，就不会办好任何事情。事业成功，国家兴旺，全依赖于君主的贤明啊！

魏国进兵中山国，乐羊为统帅。他在攻克了中山国之后，回到魏国向魏文侯禀报，流露出了居功自傲的神色。魏文侯察觉到了乐羊心理，便命令主书说："把大臣和宾客们的书信都呈上来。"主书于是搬进来两只大箱子。文侯让乐羊将信件拆开来看，所有的书信都是非难进攻中山国之事的。乐羊立刻快步后退，并向文侯拜了两拜，说道："能够攻克中山国并非我的力量，而是君主您的力量功劳啊！"

当时，在乐羊攻打中山国的过程中，群臣们的反对意见日益强烈，如果魏文侯接受了他们的意见，认为攻打中山国毫无胜算，又怎么能用得着两箱书信呢？仅仅一寸之长的纸条就足以让乐羊失去立功的机会了。

第149页

魏文侯是位贤德、明断的国君,主持国事尚且如此困难,更何况是能力一般的君主呢?一般君主的通病是:不可不让他去做,又无法让他中途停下来。但凡要做中途不加改变的事情,则君主的思想意志、行为视听都应始终认为它是正确的,那么臣子还有谁敢对其加以怀疑呢?君臣一心一意地去做一件事情,就不会有失败。这就是汤武伐纣之所以成功,越王勾践最终能够报仇的原因。只要君臣一心,弱小之国都能如此,更何况是强大的国家呢?

【知识链接】

魏文侯,名斯,是魏国霸业的开拓者。在战国七雄中,魏文侯最先实施变法,改革制度,奖励耕织,兴修水利,极大地促进了魏国经济的发展。消灭了北部的中山国,夺取了秦国的西河之地,使魏国成为了战国初期的强国。

魏国山地较多,平原较少,人口密集,每年收获的粮食勉强可以满足国内对粮食的需求。不过,当时著名的盐池在魏国境内,魏国便将盐池产的盐销售到其他国家,获得了丰厚的利润。

在国力不断增强的同时,魏文侯又把目光放在了建立一支素质过硬的军队上,按照严格的筛选制度,在国内挑选出了一批素质全面的士兵,他们被称之为武卒。这些人不但要有超乎常人的体魄,而且需具备多种技能,如格斗、射箭、长跑等,一旦被选为武卒,他们将享受免除劳役和赋税的待遇,同时他们的生活也将有所改观,如果有人在征战中建立了功勋,那么他将有机会获封爵位。

魏文侯在武卒的建设中花费了大量的心血，为以后军队制度的革新提供了样例。同时，他还能知人善任，重用李悝，推行一系列精耕细作的耕种方法，传授农副业的成功经验，对魏国的山地和平原进行综合利用，提高土地的利用率。为了稳定粮食价格，李悝还实施了平籴法。丰收之年，国家依据市场情况，将农民的粮食高价收购，这样可以保证农民的利益；灾荒之年，国家将储存的粮食以适当的价格卖给市民，以保障市民的温饱问题。这样一来，国家储备的粮食逐渐增多，抵抗灾荒的能力愈来愈高，社会渐趋稳定。

《吕氏春秋》

典籍